Abitur-Wortschatz

Spanisch-KOMPAKT

STARK

Autorin: Kirsten Impekoven

Umschlagbild: © DrAfter123 / iStockphoto

www.stark-verlag.de
1. Auflage 2019

STARK

Inhalt

Autorin: Kirsten Impekoven

Abkürzungsverzeichnis

bras. *portugués brasileño*
cat. *catalán*
col. *coloquial*
f. *femenino*
ingl. *inglés*
LAm. *Latinoamérica*
m. *masculino*
p. ej. *por ejemplo*
pey. *peyorativo* (abwertend)
pl. *plural*

= Synonym
≠ Antonym
jdn. jemanden
jdm. jemandem

Hinweis auf Gruppenverben mit Lautwechsel:
(o>ue)
(u>ue)
(e>ie)
(e>i)
(c>zc)
(i>y)

Vorwort

Liebe Schülerinnen, liebe Schüler,

ein umfassender, differenzierter Wortschatz ist die Grundlage für das Beherrschen einer Sprache. Die Wortschatzarbeit ist deshalb einer der Schwerpunkte beim Erlernen einer Fremdsprache. Mit dem vorliegenden Band können Sie Ihren aktiven und passiven Wortschatz festigen und erweitern.

Die Vokabeln sind nach Wort- und Sachfeldern geordnet und in fünf **lehrplanrelevante Themengebiete** gegliedert: *la historia, la política, la sociedad, la cultura* und *la economía y geografía*. Neben den spanischen Vokabeln finden Sie die **deutsche Übersetzung** sowie **aussagekräftige Beispielsätze**. Diese zeigen nicht nur die konkrete Verwendung des jeweiligen Wortes auf, sondern vermitteln auch wichtige sprachliche Strukturen und landeskundliche Informationen. **Synonyme** und **Antonyme** zu vielen der spanischen Vokabeln ermöglichen es Ihnen, sich in der Fremdsprache differenziert auszudrücken und Wiederholungen zu vermeiden. So sind Sie für Klausuren und das Abitur bestens gerüstet.

Zusätzlich zum gedruckten Buch stehen Ihnen alle Vokabeln als digitale Lernkarten in der **Web-App „MindCards“** zur Verfügung. Die App enthält auch **MP3-Dateien**, mit denen Sie sich die Aussprache der spanischen Wörter einprägen können.

Ein **Video** zeigt Ihnen zudem anschaulich, wie Sie mithilfe von **Lernstrategien** Ihren Wortschatz erweitern und festigen können.

Nähere Informationen zu App und Video finden Sie unter „Hinweise zu den digitalen Zusätzen“.

Viel Erfolg bei der Arbeit mit diesem Band!

Kirsten Impekoven

Hinweise zu den digitalen Zusätzen

MindCards – digitale Lernkarten mit Hörbeispielen

Die Vokabeln aus diesem Band stehen Ihnen auch als digitale Lernkarten in der Web-App **MindCards** zur Verfügung. Sie können sie online mit Ihrem Smartphone abrufen und haben so Ihren mobilen Karteikasten überall mit dabei. Hörbeispiele helfen Ihnen bei der richtigen Aussprache der Vokabeln.

Und so arbeiten Sie mit den MindCards:

- Wählen Sie eines oder mehrere **(Teil-)Kapitel** aus, die Sie bearbeiten möchten.
- Tippen Sie dann auf **„alle Karten laden“**, um die Bearbeitung zu starten.
- Über den **Audio-Button** auf den Lernkarten können Sie sich die richtige Aussprache der spanischen Begriffe anhören.
- Durch Tippen auf den Screen können Sie die Karte umdrehen, um sich die **Übersetzung** anzeigen zu lassen.
- Entscheiden Sie bei jeder Vokabel, ob Sie sie schon **sicher beherrschen** oder **noch nicht gewusst** hätten.
- Am Ende des Kapitels – oder wenn Sie die Bearbeitung abbrechen – erhalten Sie eine **Auswertung**.
- Die Vokabelkarten werden dann in verschiedenen **Stapeln** abgelegt, sodass Sie z. B. alle Wörter, die Sie noch nicht gewusst haben, gesondert wiederholen können.

Die MindCards können direkt im Browser geöffnet werden, die Installation über einen App-Store ist nicht erforderlich. Scannen Sie einfach den nebenstehenden QR-Code mit dem Smartphone oder geben Sie den folgenden Link ein:
https://www.stark-verlag.de/mindcards/945401D

Video „Strategien zum Vokabellernen“

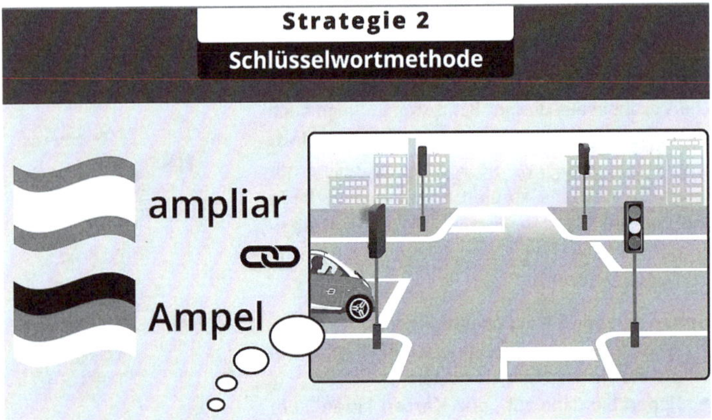

Über den folgenden QR-Code oder Link können Sie sich ein Video mit vielen nützlichen Tipps zum Vokabellernen ansehen:
http://qrcode.stark-verlag.de/vokabellernen-spanisch

Im Hinblick auf eine eventuelle Begrenzung des Datenvolumens wird empfohlen, dass Sie sich bei der Nutzung der digitalen Zusätze im WLAN befinden.

La historia

1 La Invasión musulmana y la Reconquista

término español	dt. Bedeutung	definición / contexto	sin. / ant.
el derrumbamiento del Imperio romano	*der Fall des Römischen Reiches*	Muchos factores contribuyeron al derrumbamiento del Imperio romano.	= la caída del Imperio romano
la Edad Media	*das Mittelalter*	Se dice que la Edad Media comienza en el siglo V y termina en el siglo XV.	
medieval	*mittelalterlich*	Los reinos medievales de la España cristiana fueron, p. ej., Navarra, Castilla, Aragón y León.	
la migración	*Migration, Völkerwanderung*	El comienzo de la Edad Media fue marcado por migraciones masivas.	
las invasiones bárbaras	*der Einfall der Barbaren*	Durante las invasiones bárbaras, los suevos y los vándalos y los visigodos se instalaron en la Península Ibérica.	
invadir	*eindringen*	Los árabes invadieron la Península Ibérica en el siglo VIII.	= ocupar ≠ huir (i>y)
musulmán/musulmana	*muslimisch*	La religión musulmana proviene de Mahoma.	
el islam	*Islam*	El islam es una religión monoteísta.	= la religión musulmana
derrotar	*stürzen*	Los árabes derrotaron a Rodrigo, el último rey de los visigodos.	≠ subir al trono

término español	dt. Bedeutung	definición / contexto	sin. / ant.
el avance	*Vorrücken*	El rey Rodrigo no pudo parar el avance de los árabes.	= la aproximación ≠ la retirada
la expansión	*Ausweitung, Ausbreitung*	La expansión musulmana terminó con la batalla de Poitiers en 732.	= la dispersión
bereber	*Berber-*	Las sublevaciones de tribus bereberes en al-Andalus llevaron a una guerra civil.	
arrasar	*verwüsten*	Varias guerras arrasaron la Península durante los primeros siglos del dominio árabe.	= devastar
el arabismo	*Arabismus, arabisches Lehnwort*	La palabra «almoshada», p. ej., es un arabismo.	= el extranjerismo árabe
dejar huellas	*Spuren hinterlassen*	La invasión musulmana dejó sus huellas en la cultura, la arquitectura y la lengua españolas.	
el arte mudéjar	*Mudéjar-Kunst*	El arte mudéjar mezcla ornamentos árabes con elementos cristianos.	
el arte mozárabe	*mozarabische Kunst*	El arte mozárabe es el arte de los cristianos que vivieron en al-Andalus.	
el alcázar	*Alcázar (maurische Burg)*	En muchas ciudades españolas se pueden visitar todavía los alcázares.	
el Imperio árabe	*das Arabische Reich*	En otra época, al-Andalus formó parte del Imperio árabe.	
la taifa	*Taifa, Teilreich*	La taifa es un pequeño reino árabe.	

término español	dt. Bedeutung	definición / contexto	sin. / ant.
el califa	*Kalif*	El jefe político y espiritual de todos los musulmanes se llamaba califa.	
el emir	*Emir*	El emir es el gobernador en nombre de un califa.	
el emirato	*Emirat*	El emirato de Córdoba fue el primer emirato independiente de la Península Ibérica.	
florecer (c>zc)	*blühen*	Con los árabes empezaron a florecer la ciencia y la filosofía.	≠ decaer
la edad de oro	*goldenes Zeitalter*	En las taifas las artes y las letras vivieron una edad de oro.	
el centro cultural	*kulturelles Zentrum*	Córdoba se convirtió en el centro cultural de la medicina, la botánica, la filosofía, la astronomía y las matemáticas.	= la sede cultural
crear la mayor biblioteca del Occidente	*die größte westliche Bibliothek aufbauen*	Se consiguió crear la mayor biblioteca del Occidente.	
implementar nuevos conocimientos	*neue Kenntnisse einführen*	Los árabes implementaron nuevos conocimientos como la fabricación de papel y vidrio.	= introducir (c>zc) nuevos conocimientos
introducir (c>zc) **el sistema numeral**	*das Nummernsystem einführen*	Los árabes introdujeron el sistema numeral que usamos hasta la actualidad.	
el caballero	*Ritter*	Los caballeros de la Edad Media lucharon por la liberación de la ocupación árabe.	

término español	dt. Bedeutung	definición / contexto	sin. / ant.
la cruzada	*Kreuzzug*	Una cruzada es una guerra con el motivo de recuperar un territorio ocupado por «infieles».	
la batalla decisiva	*entscheidende Schlacht*	En 1221 los reinos cristianos ganaron la batalla decisiva en las Navas de Tolosa.	
unirse	*sich vereinigen*	A finales del siglo XV los reinos de Aragón y Castilla se unieron y ampliaron así su poder político.	= juntarse
la Reconquista	*die Eroberung der arabischen Gebiete auf der Iberischen Halbinsel durch die Christen*	La Reconquista terminó en 1492 con la toma de Granada.	
restaurar la fe cristiana	*den christlichen Glauben wiederaufbauen*	Isabel y Fernando consiguieron restaurar la fe cristiana y la unidad de España.	= restaurar el cristianismo

2 La Conquista de Latinoamérica, la época colonial y las guerras de independencia

término español	dt. Bedeutung	definición / contexto	sin. / ant.
el/la indígena	*Ureinwohner*in*	Hasta hoy, los indígenas no han conseguido la plena igualdad.	
el pueblo indígena	*indigene Bevölkerung*	Actualmente, los aimaras, los mayas y los quechuas forman la mayor parte de la población indígena.	= la población autóctona/india
la cultura precolombina	*präkolumbische Kultur*	Las culturas precolombinas eran muy avanzadas, p. ej., en la arquitectura.	= las culturas antes de Colón
el cacique	*Kazike, Indianerhäuptling*	El cacique es la primera persona de una tribu de indios.	
los incas	*Inkas*	La capital de los incas se llamaba Cuzco.	
los mayas	*Mayas*	Entre las culturas amerindias destaca la cultura de los mayas.	
los aztecas	*Azteken*	La mayoría de los aztecas vivía en lo que hoy es México.	
dibujar sobre pergaminos	*auf Pergament zeichnen*	Los mayas y los aztecas dibujaban p. ej. sus historias y tradiciones sobre pergaminos.	
encontrar (o>ue) **otra ruta**	*einen anderen Weg finden*	El objetivo principal de Colón era encontrar otra ruta a la India para facilitar el comercio.	= hallar otra ruta
buscar nuevas rutas comerciales	*neue Handelswege suchen*	La conquista de Constantinopla por los turcos provocó la necesidad de buscar	

término español	dt. Bedeutung	definición / contexto	sin. / ant.
		nuevas rutas comerciales.	
el/la comerciante	*Händler*in*	Los comerciantes esperaban grandes ganancias y bienestar.	
la carabela	*Karavelle*	Las carabelas de Colón se llamaban la Santa María, la Pinta y la Niña.	
navegar	*mit dem Schiff fahren, zur See fahren*	En aquellos tiempos era peligroso navegar por el mar.	
la circunnavegación	*Umsegelung*	La circunnavegación de África costó mucho tiempo y esfuerzo.	
rumbo a	*in Richtung*	Las carabelas de Colón salieron del puerto de Palos rumbo a la supuesta India.	= en dirección a
el Nuevo Mundo	*die Neue Welt*	La llegada al Nuevo Mundo cambió el destino del Reino de Castilla.	≠ el Mundo Antiguo
descubrir	*entdecken*	Desde la perspectiva europea, el continente americano fue descubierto por el Reino de Castilla.	≠ buscar
el hallazgo	*Fund, Entdeckung*	Con el hallazgo de la isla de Guanahaní, Cristóbal Colón se creyó en la India.	= el descubrimiento, el encuentro
la profecía	*Prophezeiung*	Los aztecas esperaban la llegada del dios Quetzalcóatl como lo había anunciado la profecía.	= el anunciamiento
el invasor/ la invasora	*Eindringling*	Una persona que ocupa un territorio y reclama su poder es un invasor.	= el conquistador/la conquistadora

término español	dt. Bedeutung	definición / contexto	sin. / ant.
cristianizar (a la fuerza)	*(zwangs-)christianisieren*	La expansión de la fe cristiana solo se podía conseguir por un camino: cristianizando a la fuerza.	= evangelizar (a la fuerza)
bautizar	*taufen*	Los misioneros españoles bautizaron a los indígenas.	
el papel de la religión	*die Rolle der Religion*	Se debería discutir más el papel de la religión en los tiempos de la conquista.	
el dominio	*Herrschaft, Herrschaftsgebiet*	A partir de 1492 las Américas se convirtieron en dominio español.	
el Tratado de Tordesillas	*der Vertrag von Tordesillas*	En el Tratado de Tordesillas se estableció el reparto de los territorios del Nuevo Mundo.	
los Reyes Católicos	*die Katholischen Könige*	Los Reyes Católicos se llamaban Isabel de Castilla y Fernando de Aragón.	
el virrey/ la virreina	*Vizekönig*in*	El representante de la monarquía española y el gobernador del respectivo territorio se llama virrey.	
el virreinato	*Vizekönigreich*	En el año 1776 se fundó el Virreinato del Río de La Plata.	
la colonia	*Kolonie*	Los españoles fundaron colonias para establecer un sistema político.	
el colono/ la colona	*Siedler*in*	Un colono es una persona que emigra para vivir en una colonia.	
asentarse (e>ie)	*sich ansiedeln, sich niederlassen*	A partir de 1492 muchos colonos europeos se asentaron en el Nuevo Mundo.	= establecerse (c>zc)

término español	dt. Bedeutung	definición / contexto	sin. / ant.
en busca de oro y fama	*auf der Suche nach Gold und Ruhm*	Los conquistadores llegaron en busca de oro y fama.	
otorgar concesiones	*Konzessionen gewähren*	El virrey otorgó concesiones de exploración y gobierno a los colonos.	
el producto de lujo	*Luxusware*	En el siglo XVI el café y el tabaco eran productos de lujo.	
el medio de pago	*Zahlungsart, Währung*	Los productos de lujo se convirtieron en medio de pago.	
las especias	*Gewürze*	La demanda europea por las especias traídas de la India hizo florecer el comercio.	
saquear	*plündern*	En muchas ocasiones los conquistadores simplemente saquearon los pueblos indígenas.	
la plata	*Silber*	Con el oro y la plata del Nuevo Mundo se producían joyas y se decoraban las iglesias españolas.	
el abalorio	*Glasperle*	Los españoles cambiaron el oro y la plata de los indígenas por abalorios.	≠ la perla
la superioridad técnica del armamento	*die technische Überlegenheit der Feuerwaffen*	La superioridad técnica de armamento facilitó la victoria de los españoles.	≠ la inferioridad técnica del armamento
el animal de guerra	*Kriegstier*	El empleo del caballo como animal de guerra causó miedo entre los indígenas porque lo desconocían.	

término español	dt. Bedeutung	definición / contexto	sin. / ant.
capturar	*gefangen nehmen*	El conquistador Pizarro capturó a Atahualpa, el último emperador inca.	≠ liberar
la obediencia	*Gehorsam*	La relación laboral entre los españoles y los indígenas se basó en la obediencia indígena.	≠ la desobediencia
el abuso	*Missbrauch*	El abuso predominaba en la vida cotidiana de los indígenas.	= el maltrato
las condiciones injustas	*ungerechte Bedingungen*	Las condiciones injustas llevaron a rebeliones y protestas.	
las minas	*Bergwerke*	Muchos indígenas eran forzados a trabajar en las minas.	
la plantación	*Plantage*	Los esclavos negros trabajaban en las plantaciones de azúcar.	
explotado/-a	*ausgebeutet*	En las minas y los campos los indígenas fueron explotados.	
reprimido/-a	*unterdrückt*	Las costumbres de los indígenas fueron reprimidas.	= oprimido/-a = suprimido/-a
la violación de los derechos	*Verletzung der Rechte*	Bartolomé de las Casas denunció la violación de los derechos de los indígenas.	
prohibir la esclavitud	*die Sklaverei verbieten*	Era necesario prohibir la esclavitud.	≠ tolerar la esclavitud

término español	dt. Bedeutung	definición / contexto	sin. / ant.
promulgar una ley	*ein Gesetz erlassen*	Al promulgar las Leyes Nuevas de las Indias, la Corona española intentó mejorar las condiciones de los indígenas.	
el Consejo de Indias	*der Indienrat*	El Consejo de Indias se dedicó a los asuntos relacionados con los indígenas.	
importar	*einführen*	Para seguir explotando las colonias sin esclavos indios importaron población africana.	
la encomienda	*Encomienda (amerik. Form der Grundherrschaft)*	Cada indio dependía de su dueño español, el sistema se llamaba encomienda.	
el hacendado/ la hacendada	*Grundbesitzer*in*	En Latinoamérica, el hacendado es el dueño de una hacienda de campo.	
el criollo/ la criolla	*Kreole/Kreolin (in der Kolonie geborene*r Spanier*in)*	Muchos criollos en el Nuevo Mundo eran encomenderos y hacendados.	
el mulato/ la mulata	*Mulatte/Mulattin (zunehmend rassistisch konnotierter Begriff)*	A los niños de p. ej. un padre blanco y una madre negra los llaman mulatos.	
el mestizo/ la mestiza	*Mestize/Mestizin*	Si p. ej. la madre es española y el padre indio, el niño es mestizo.	
no tener (e>ie) **defensas inmunológicas**	*keine Abwehrkräfte haben*	Los indígenas no tenían defensas inmunológicas para protegerse contra las enfermedades europeas.	≠ ser inmune
la extinción	*Auslöschung*	El trabajo forzado y las enfermedades provocaron la extinción de la población indígena en el Caribe.	

término español	dt. Bedeutung	definición / contexto	sin. / ant.
tomar conciencia (de)	*sich bewusst werden*	Bartolomé de las Casas tomó conciencia de la situación desfavorable de los indígenas.	= hacerse consciente (de)
llamar a la lucha	*zum Kampf aufrufen*	Los rebeldes llamaron a la lucha.	
oponerse (a)	*Widerstand leisten (gegen)*	Pocos indígenas se opusieron a las condiciones injustas.	= luchar contra
ensangrentado/-a	*blutig*	La ensangrentada batalla terminó con la caída de 2000 indígenas.	
empeorar	*sich verschlechtern*	Con el transcurso de los siglos las condiciones de los indígenas empeoraron.	≠ mejorar
la desigualdad	*Ungleichheit*	Hasta hoy en día, notamos la desigualdad en las sociedades latinoamericanas.	≠ la igualdad
proclamar la independencia	*die Unabhängigkeit erklären*	Al fin y al cabo todas las antiguas colonias proclamaron la independencia.	
reconocer (c>zc) **la independencia**	*die Unabhängigkeit anerkennen*	Finalmente, España reconoció la independencia de sus antiguas colonias.	
el libertador/la libertadora	*Befreier*in*	José de San Martín y Simón Bolívar fueron los libertadores más importantes de América Latina.	
el héroe/la heroína	*Held*in*	Los que lucharon en las guerras de independencia siguen siendo héroes hasta hoy en día.	

3 España hasta el siglo XX

término español	dt. Bedeutung	definición / contexto	sin. / ant.
la Casa de Austria	*die Dynastie der Habsburger*	La Casa de Austria reinó en España de 1516 a 1700.	= la Casa de Habsburgo
heredar la corona	*den Thron erben*	El príncipe hereda la corona de su padre, el rey.	
la guerra de sucesión	*Erbfolgekrieg*	Tras la muerte del último rey de la casa de Habsburgo en 1700 estalló una guerra de sucesión.	
la Casa de Borbón	*die Dynastie der Bourbonen*	La Casa de Borbón es una casa real de origen francés.	
el absolutismo	*Absolutismus*	La principal característica de un rey absoluto es que tiene todo el poder.	
la nobleza	*Adel*	La nobleza gozó de numerosos privilegios.	
el clero	*Klerus*	El clero era el mayor latifundista, es decir, propietario de las tierras españolas.	
el tercer estado	*der dritte Stand*	El tercer estado sufrió represión y pobreza.	= la tercera clase social
la hambruna	*Hungersnot*	La hambruna, provocada por una mala cosecha, fue devastadora.	
la epidemia	*Seuche*	Las epidemias como la peste negra causaron gran sufrimiento en Europa.	= la peste
la Inquisición española	*die spanische Inquisition*	Uno de los objetivos de la Inquisición fue establecer y mantener la unidad religiosa.	

término español	dt. Bedeutung	definición / contexto	sin. / ant.
el antisemitismo	*Antisemitismus*	El antisemitismo creció con la intolerancia cristiana.	
las conversiones masivas	*Massenbekehrungen*	Los incidentes con trasfondo antisemita llevaron a conversiones masivas.	
los «cristianos nuevos»	*konvertierte Juden und Mauren*	La influencia económica de los «cristianos nuevos» provocó envidia y recelo.	
el auge cultural	*kulturelle Blüte*	Durante los llamados Siglos de Oro, España vivió un auge cultural.	≠ la decadencia
la Real Academia Española (RAE)	*die Königlich-Spanische Akademie*	La RAE, fundada en 1713, es una entidad reguladora de la lengua española.	
la organización centralizada	*zentralisierte Verwaltung*	Felipe V introdujo una organización centralizada.	≠ la organización federal
la Ilustración	*die Aufklärung*	La Ilustración se extendió desde Francia a Europa.	= el Siglo de las Luces
la Revolución francesa	*die Französische Revolution*	El lema de la Revolución francesa fue «libertad, fraternidad e igualdad».	
acabar con los privilegios de la nobleza	*die Adelsprivilegien abschaffen*	La meta central del tercer estado era acabar con los privilegios de la nobleza.	= abolir los privilegios de la nobleza
el fortalecimiento de la burguesía	*das Erstarken des Bürgertums*	Con la Revolución francesa notamos el fortalecimiento de la burguesía.	
la imprenta	*Buchdruck*	Los panfletos y folletos se extendieron rápidamente con la ayuda de la imprenta.	

término español	dt. Bedeutung	definición / contexto	sin. / ant.
restablecer (c>zc) el absolutismo	*den Absolutismus wiederherstellen*	La monarquía consiguió restablecer el absolutismo.	
las dos Españas	*die Zwei Spanien*	A lo largo del siglo XIX las dos Españas se combatieron: la liberal y la conservadora.	
la pérdida de las colonias	*Verlust der Kolonien*	La pérdida de las colonias fue un choque para la nación española.	
las guerras carlistas	*Karlistenkriege*	Se llaman «guerras carlistas» las tres guerras civiles que vivió la España del siglo XIX.	
la restauración	*Restauration (die Wiederherstellung eines politischen Systems)*	Se llama «Restauración» la vuelta al trono español de la casa de Borbón.	= el restablecimiento
manipular los resultados electorales	*Wahlergebnisse manipulieren*	Manipular los resultados electorales es una medida usual de un régimen autoritario.	
el desastre de 1898	*die Katastrophe von 1898*	En el desastre de 1898, España perdió sus últimas colonias: Cuba, las Filipinas y Puerto Rico.	= la catástrofe de 1898
la guerra mundial	*Weltkrieg*	España no participó en la Primera Guerra Mundial ni en la Segunda.	
la industrialización	*Industrialisierung*	El proceso de industrialización en España se inició con retraso.	
modernizar el país	*das Land modernisieren*	Hacía falta modernizar el país para participar en el comercio internacional.	

término español	dt. Bedeutung	definición / contexto	sin. / ant.
el movimiento obrero	*Arbeiterbewegung*	El movimiento obrero representa los intereses de los trabajadores.	
la huelga general	*Generalstreik*	Para luchar efectivamente por los derechos de los obreros se convocó la huelga general.	
abandonar el trono	*auf die Krone verzichten*	El rey Alfonso XIII abandonó el trono.	≠ subir al trono
la Segunda República	*die Zweite Republik*	En la Segunda República fueron introducidos, p. ej., la libertad de prensa y la igualdad de derechos.	
la constitución más avanzada	*die fortschrittlichste Verfassung*	La Constitución española de la Segunda República fue una de las mas avanzadas de la época.	≠ la constitución más conservadora
la separación de Iglesia y Estado	*Trennung von Kirche und Staat*	La separación de Iglesia y Estado se llama laicismo.	= el laicismo
la opinión anticlerical	*gegen die Kirche gerichtete Meinung*	Los que tenían una opinión anticlerical favorecían el matrimonio civil.	
tener (e>ie) **representación política**	*eine politische Vertretung haben*	Las mujeres exigían tener representación política.	≠ carecer (c>zc) de representación política
moderado/-a	*gemäßigt, moderat*	A la burguesía le convenían reformas moderadas.	≠ revolucionario/-a, radical
reaccionario/-a	*reaktionär*	Los militares, los nobles y el clero eran las fuerzas reaccionarias de España.	≠ progresista

término español	dt. Bedeutung	definición / contexto	sin. / ant.
federarse	*sich vereinigen*	Cuando los obreros se federaron, se despertó su fuerza y solidaridad.	= unirse, juntarse, solidarizarse
emprender reformas	*Reformen auf den Weg bringen*	El Gobierno emprendió reformas para enfrentarse a los problemas causados por la crisis económica.	
la reforma militar	*Militärreform*	Con la reforma militar las fuerzas armadas perdieron su posición autárquica.	

4 La Guerra Civil, el Franquismo y la Transición española

término español	dt. Bedeutung	definición / contexto	sin. / ant.
estallar	*ausbrechen*	La Guerra Civil española estalló en 1936.	≠ terminar, acabar
el/la beligerante	*die Krieg führende Partei*	Los falangistas y los republicanos eran los beligerantes.	
el bando republicano	*die Seite der Republikaner*	El bando republicano estaba compuesto por los partidarios de la República española.	
el bando nacional	*die Seite der Nationalisten*	En el bando nacional lucharon los adversarios de la República española.	
fascista	*faschistisch*	Los seguidores del General Franco simpatizaban con los partidarios fascistas de Alemania e Italia.	
socialista	*sozialistisch*	El partido socialista lucha por la igualdad económica y social.	
anarquista	*anarchistisch*	Soñar con la abolición del Estado y del Gobierno es una actitud anarquista.	
lanzar una ofensiva	*einen Angriff starten*	Al lanzar una ofensiva, los falangistas sorprendieron a la República española.	
el golpe de estado militar	*militärischer Staatsstreich, Militärputsch*	Francisco Franco facilitó el acceso del fascismo al poder mediante un golpe de Estado militar.	
la insurrección	*Aufstand*	La insurrección fue planificada en el norte de África.	= el levantamiento, el alzamiento ≠ la sumisión

término español	dt. Bedeutung	definición / contexto	sin. / ant.
conspirarse	*sich verschwören*	Las tropas se conspiraron clandestinamente.	
el insurrecto/ la insurrecta	*Aufständische*r*	Los insurrectos procedían de la población católica, militar y conservadora.	= el/la rebelde
sublevarse	*sich auflehnen, rebellieren*	Los rebeldes fascistas se sublevaron contra el Gobierno republicano.	= rebelarse, alzarse ≠ someterse
los falangistas	*die Falangisten (Staatspartei des Franquismus)*	Los falangistas querían sustituir el Gobierno republicano por uno autoritario.	
el liderazgo	*Führung*	Los «nacionales» se unieron bajo el liderazgo de Franco.	= el mando
las fuerzas republicanas	*die republikanischen Streitkräfte*	Las fuerzas republicanas fueron apoyadas por muchos intelectuales y liberales de Europa.	
el voluntario/ la voluntaria	*Freiwillige*r*	Muchos voluntarios ayudaron en el lado republicano.	
las Brigadas Internacionales	*die Internationalen Brigaden*	Las Brigadas Internacionales fracasaron en su intento de impedir la victoria franquista.	
derramar sangre	*Blut vergießen*	Durante los tres años de guerra los españoles derramaron mucha sangre.	
el bombardeo	*Bombardierung*	El bombardeo de Guernica se ha convertido en el símbolo de un ataque injusto contra una población inocente.	
la derrota	*Scheitern*	La derrota del Gobierno democrático asustó a los intelectuales europeos.	= el fracaso ≠ el éxito

término español	dt. Bedeutung	definición / contexto	sin. / ant.
la posguerra	*Nachkriegszeit*	Los tiempos de la posguerra se caracterizan por su sistema autoritario y una vida privada apolítica.	≠ la preguerra
la dictadura	*Diktatur*	La dictadura de Franco duró desde 1939 hasta 1975.	≠ la democracia
el régimen franquista	*das franquistische Regime*	El régimen franquista fue dictatorial y represivo.	= el franquismo
suprimir las libertades	*die Freiheitsrechte einschränken*	El Estado franquista suprimió las libertades individuales.	≠ garantizar las libertades
el sistema de partido único	*Einparteiensystem*	Después de la Guerra Civil se creó un sistema de partido único en España.	
la represión	*Unterdrückung*	La represión de los vencidos se efectuó por medio del encarcelamiento y de la intimidación.	= la opresión, la supresión de derechos
el aislamiento económico	*wirtschaftliche Isolation*	Como Franco quiso mantener su autarquía, se vio confrontado con el aislamiento económico.	
fomentar	*fördern*	El régimen franquista fomentó el turismo con la ayuda del lema: «España es diferente».	= promover (o>ue)
el crecimiento	*Wachstum*	Los años 60 se pueden definir como una época de crecimiento de la industria y del turismo.	= el desarrollo, el progreso
la fuente de divisas	*Devisenquelle*	El turismo se convirtió en una fuente importante de divisas.	

término español	dt. Bedeutung	definición / contexto	sin. / ant.
la economía autárquica y nacionalista	*autarke und nationalistische Wirtschaftsform*	El sistema franquista promovió la economía autárquica y nacionalista.	
la religión de Estado	*Staatsreligion*	El catolicismo se declaró religión de Estado.	
el movimiento de protesta	*Protestbewegung*	El movimiento de protesta reivindicó la democracia.	
las represalias	*Repressalien*	Durante el franquismo los republicanos sufrieron duras represalias.	
la «depuración política»	*„politische Säuberung"*	La «depuración política» pretendía acabar con la oposición.	= la «limpieza política»
la «depuración ideológica»	*„ideologische Säuberung"*	Eliminando las discusiones controvertidas en la sociedad, el Estado contribuyó a la «depuración ideológica».	= la «limpieza ideológica»
partir al exilio	*ins Exil gehen*	Muchos de los vencidos dejaron el país para partir al exilio.	= exiliarse, huir (i>y) del país
desarrollar su trabajo en libertad	*seine Arbeit in Freiheit ausüben*	Para los escritores exiliados era imprescindible desarrollar su trabajo en libertad.	
la privación de las libertades	*Abschaffung der Freiheitsrechte*	Uno de los resultados de la Guerra Civil fue la privación de las libertades como la de expresión.	≠ la liberalización
el instrumento de propaganda	*Propagandamittel*	Los medios de comunicación fueron el instrumento de propaganda más exitoso.	= el mecanismo/aparato de propaganda
la proclama radiofónica	*Radioansprache*	La proclama radiofónica fue utilizada con frecuencia por Franco.	= el anuncio/comunicado radiofónico

término español	dt. Bedeutung	definición / contexto	sin. / ant.
el empobrecimiento	*Verarmung*	La consecuencia de la censura fue el empobrecimiento de la vida cultural.	
dar primacía a	*bevorzugen*	Mientras daban primacía al español, los franquistas prohibían el uso de las lenguas regionales.	= preferir (e>ie)
la persecución de las lenguas minoritarias	*die Verfolgung des Gebrauchs der Minderheitssprachen*	Se inició la persecución de las lenguas minoritarias para impedir el uso del catalán, por ejemplo.	
abolir	*abschaffen*	Con estas medidas abolieron las libertades de los ciudadanos.	= anular, borrar
la tortura	*Folter*	La policía del sistema franquista no paró ante la tortura.	
la ejecución	*Hinrichtung*	Las últimas ejecuciones del régimen franquista se realizaron en 1975.	
el asesinato	*Mord*	Federico García Lorca murió a causa de un asesinato.	= el homicidio
el trabajo forzado	*Zwangsarbeit*	Muchos críticos terminaron haciendo el trabajo forzado.	≠ el trabajo voluntario
condenar	*verurteilen*	El juez lo condenó a muerte.	= sentenciar ≠ absolver (o>ue)
el encarcelamiento	*Inhaftierung*	Muchos republicanos se exiliaron de España para evitar su encarcelamiento.	= la prisión ≠ la libertad
el sucesor/ la sucesora	*Nachfolger*in*	Franco nombró a Juan Carlos I como su sucesor.	≠ el antecesor/la antecesora

término español	dt. Bedeutung	definición / contexto	sin. / ant.
fallecer (c>zc)	*sterben*	El dictador Francisco Franco falleció el 20 de noviembre de 1975.	= morir (o>ue) ≠ nacer (c>zc)
la monarquía hereditaria	*Erbmonarchie*	Se restableció la monarquía hereditaria después de la muerte de Franco.	
proclamar rey	*zum König ausrufen*	Después de la muerte de Franco, Juan Carlos I fue proclamado rey.	
la Transición española	*die Transición (Übergang von der Diktatur zur Demokratie)*	Juan Carlos I encarna la época de la Transición española.	
la democratización	*Demokratisierung*	Con el rey Juan Carlos I se inició la democratización del Estado español.	
desmantelar el sistema franquista	*das franquistische System auflösen*	Contrario a las intenciones del «caudillo», Juan Carlos I desmanteló el sistema franquista.	= desmontar/ destruir (i>y) el sistema franquista
la legalización de los partidos políticos	*die Legalisierung von politischen Parteien*	El Rey abolió el sistema de partido único e inició la legalización de los partidos políticos.	= la legitimación de los partidos políticos
celebrar elecciones	*Wahlen abhalten*	En las elecciones que se celebraron en 1977, ganó la Unión de Centro Democrático.	
liberalizar	*liberalisieren*	Tanto la vida política como la privada se liberalizaron.	
someter algo a referéndum	*in einer Volksabstimmung über etwas entscheiden lassen*	A partir de entonces, el pueblo tuvo el derecho a someter sus asuntos a referéndum.	

término español	dt. Bedeutung	definición / contexto	sin. / ant.
entrar en vigor	*in Kraft treten*	La Constitución española entró en vigor en 1978.	= entrar en vigencia
el Estado de derecho	*Rechtsstaat*	La Comunidad Internacional declaró España como un Estado de derecho.	= el Estado constitucional
el Estado descentralizado	*dezentralisierter Staat*	Para evitar un centro de poder único, se establece un Estado descentralizado.	≠ el Estado centralizado
prestar juramento a	*einen Eid leisten auf*	Los ministros prestan juramento a la Constitución.	= jurar por
el golpe militar	*Militärputsch*	En 1981 fracasó un intento de golpe militar en España.	
proclamar los derechos humanos	*die Menschenrechte verkünden*	Al proclamar los derechos humanos España cumplió con las exigencias de la Comunidad Europea.	
la Organización del Tratado Atlántico del Norte (OTAN)	*Nordatlantikpakt (NATO, von engl. North Atlantic Treaty Organization)*	Pocos años tras el fin del franquismo, España ingresó en la OTAN.	
la Organización de Naciones Unidas (ONU)	*die Organisation der Vereinten Nationen (UNO)*	Desde 1955, España forma parte de la ONU.	

5 Latinoamérica desde la independencia hasta hoy

término español	dt. Bedeutung	definición / contexto	sin. / ant.
la inestabilidad	*Instabilität*	A la independencia le siguió una época de inestabilidad política.	≠ la estabilidad
la serie incesante de	*unendliche Reihe von*	De 1820 a 1861, Argentina vivió una serie incesante de guerras civiles.	
el caudillo	*Caudillo (Oberhaupt, Führer)*	Durante el siglo XIX llegaron al poder muchos caudillos.	= el líder
acumular tierras y riquezas	*Land und Reichtümer anhäufen*	Mientras que unos pocos acumulan tierras y riquezas, los otros empobrecen.	
desposeído/-a	*besitzlos*	Después de la independencia, los indígenas se quedaron desposeídos.	= sin recursos
el peón/ la peona	*Tagelöhner*in*	Los que no tenían tierra tuvieron que trabajar con frecuencia como peones.	= el jornalero/ la jornalera
el/la terrateniente	*Großgrundbesitzer*in*	Al terrateniente le pertenece la tierra que labra el jornalero.	= el/la latifundista
la colectivización	*Kollektivierung des Grundbesitzes*	El gobierno socialista quiso disminuir el poder de los terratenientes con la colectivización.	
la división de los latifundios	*Aufteilung des Großgrundbesitzes*	Por eso el gobierno comenzó con la división de los latifundios.	
el dueño/ la dueña	*Besitzer*in, Herr*in*	Muchas veces los dueños abusan de sus trabajadores.	= el propietario/la propietaria

término español	dt. Bedeutung	definición / contexto	sin. / ant.
el/la zapatista	*Zapatist*in*	Las exigencias fundamentales de los zapatistas son democracia, justicia y libertad.	
la reforma agraria	*Agrarreform*	Emiliano Zapata luchó por una reforma agraria.	
el partido comunista/ socialista	*kommunistische/ sozialistische Partei*	El partido comunista logró el éxito en las elecciones porque había prometido mejorar las miserables condiciones de los indígenas.	
el compañero/ la compañera	*Genosse/Genossin*	Los comunistas y socialistas se llaman entre sí «compañeros».	
implantar el socialismo	*den Sozialismus einführen*	Los revolucionarios cubanos implantaron el socialismo en la isla.	= introducir (c>zc) el socialismo
nacionalizar	*verstaatlichen*	El presidente nacionalizó importantes sectores de la industria.	≠ privatizar
expropiar	*enteignen*	Algunas de las empresas expropiadas lograron acuerdos con el gobierno.	= despojar, confiscar
antiimperialista	*antiimperialistisch*	Los líderes izquierdistas en Latinoamérica luchan por una política antiimperialista.	≠ imperialista
decretar un embargo	*ein Embargo erlassen*	El embargo decretado por los EE. UU. contra Cuba es conocido como «el bloqueo».	
la intervención	*Intervention, Einmischung*	La intervención de los EE. UU. es una característica de la historia latinoamericana.	= la intromisión

término español	dt. Bedeutung	definición / contexto	sin. / ant.
financiar	*finanzieren*	La invasión de las tropas anticastristas en la Bahía de Cochinos en 1961 fracasó.	
poner en peligro los intereses de	*die Interessen von … gefährden*	La nacionalización de los campos de petróleo pone en peligro los intereses de las multinacionales.	= amenazar los intereses de
la guerrilla	*Guerilla*	Hasta el año 2016 las FARC, las Fuerzas Armadas Revolucionarias de Colombia, formaron una guerrilla.	
secuestrar	*kidnappen, entführen*	Los guerrilleros secuestraron a dos políticos colombianos.	= raptar ≠ liberar
el/la rehén	*Geisel*	Escondieron a los rehenes en la selva.	= el capturado/la capturada
las conversaciones de paz	*Friedensgespräche*	Las conversaciones de paz entre el Gobierno y los rebeldes fracasaron.	= el diálogo por la paz
aniquilar	*vernichten*	Para garantizar la influencia de los EE. UU. en América Latina, la CIA aniquiló a los enemigos.	= derribar, acabar con
el autoritarismo	*autoritäres System/Regime*	El autoritarismo niega las libertades fundamentales del individuo.	≠ el liberalismo
populista	*populistisch*	Para ganar las elecciones, el candidato realizó una política populista.	
la dictadura militar	*Militärdiktatur*	En una dictadura militar, las fuerzas armadas ejercen el control.	≠ el gobierno democrático

término español	dt. Bedeutung	definición / contexto	sin. / ant.
dirigir el país con mano de hierro	*das Land mit eiserner Hand regieren*	El dictador chileno Augusto Pinochet dirigió el país con mano de hierro desde 1973 hasta 1990.	
la libertad de opinión	*Meinungsfreiheit*	Uno de los derechos fundamentales de la democracia es la libertad de opinión.	= la libertad de expresión ≠ la censura
ser sometido/-a a censura	*der Zensur unterworfen sein*	Durante la dictadura los medios de comunicación eran sometidos a censura.	≠ expresarse libremente
desaparecido/-a	*verschwunden, vermisst*	Es difícil estimar la cifra de opositores desaparecidos durante la dictadura de Pinochet.	
cruel	*grausam*	También en Argentina la dictadura militar fue una etapa cruel y dura.	= despiadado/-a
el régimen	*Regime*	El régimen no toleró la crítica de la oposición.	
el golpe de estado	*Staatsstreich, Putsch*	El golpe de estado contra el presidente falló.	
terminar con la dictadura	*die Diktatur abschaffen*	En Nicaragua, el Frente Sandinista terminó con la dictadura de los Somoza.	= acabar con la dictadura
violar los derechos humanos	*die Menschenrechte verletzen*	Con las detenciones y la tortura el dictador violó los derechos humanos.	≠ respetar los derechos humanos
maltratar	*misshandeln*	En la cárcel el disidente fue maltratado repetidamente.	
la desigualdad económica	*wirtschaftliche Ungleichheit*	La desigualdad económica llevó a una rebelión.	

término español	dt. Bedeutung	definición / contexto	sin. / ant.
la división social	*gesellschaftliche Trennung*	Un problema fundamental en las sociedades latinoamericanas es la división social entre blancos e indios.	= la diferencia de clases sociales
privilegiado/-a	*privilegiert*	Hay una poderosa minoría de privilegiados que dispone de las riquezas de un país.	= favorecido/-a ≠ discriminado/-a
mejorar las condiciones de vida	*die Lebensumstände verbessern*	Si queremos la paz, tenemos que luchar para mejorar las condiciones de vida.	
el salario mínimo	*Mindestlohn*	En muchos países no hay salario mínimo.	= el ingreso mínimo
el salario justo	*gerechter Lohn*	Una de las reivindicaciones más importantes es un salario justo.	
el neoliberalismo	*Neoliberalismus*	Los críticos opinan que el neoliberalismo provoca un gran desequilibrio social.	
la reforma económica	*Wirtschaftsreform*	Después de la recesión, se pudo estabilizar la situación con una reforma económica.	
la reforma social	*Sozialreform*	Para que todos disfruten de la Seguridad Social, el Gobierno inicia una reforma social.	
prosperar	*(auf-)blühen*	En algunas regiones ya prosperan los barrios gracias a proyectos innovadores.	= florecer (c>zc) ≠ decaer
la Cumbre Iberoamericana	*Iberoamerikanisches Gipfeltreffen*	La Cumbre Iberoamericana es una reunión anual de los Jefes de Estado y Gobierno de 22 países.	

término español	dt. Bedeutung	definición / contexto	sin. / ant.
el derecho a	*das Recht auf*	En la Declaración de Guadalajara se confirma el derecho a la salud, la educación, la alimentación y a la vivienda.	
los países desarrollados	*Industrieländer*	En la Cumbre se tematizó la responsabilidad de los países desarrollados.	≠ los países en vías de desarrollo
luchar por	*kämpfen für*	Sigue vivo el deseo de luchar por un mundo justo y estable.	
el coraje	*Mut*	Las madres de la Plaza de Mayo demostraron coraje al manifestarse por sus hijos desaparecidos.	= el ánimo, el valor ≠ el miedo, el temor
hermanarse	*sich verbrüdern*	Los marginados deberían hermanarse para conseguir más justicia y libertad.	= confederarse, unirse
la insurrección de Chiapas	*der Aufstand von Chiapas*	En 1994 se produjo una insurrección en el Estado federal de Chiapas.	= la sublevación de Chiapas
el conflicto armado	*bewaffneter Konflikt*	La historia muestra que un conflicto armado puede cambiar el rumbo de un país.	= la lucha armada
levantarse	*sich auflehnen*	Los habitantes de Chiapas se levantaron contra la desigualdad y la injusticia.	= sublevarse, rebelarse
la autonomía indígena	*die Autonomie/ Unabhängigkeit der Indigenen*	Con la autonomía indígena hay más posibilidad de decidir independientemente.	= la independencia indígena

La política

1 Las instituciones políticas españolas

término español	dt. Bedeutung	definición / contexto	sin. / ant.
la monarquía parlamentaria democrática	*parlamentarisch-demokratische Monarchie*	Desde el final de la época franquista, España es una monarquía parlamentaria democrática.	
la división de poderes	*Gewaltenteilung*	La división de poderes prevé separar el poder legislativo, ejecutivo y judicial.	
controlarse mutuamente	*sich gegenseitig kontrollieren*	Los poderes estatales se controlan mutuamente.	
la legislación	*Gesetzgebung*	La legislación permite el derecho a manifestarse.	
la jurisdicción	*Rechtsprechung*	La jurisdicción protege a los ciudadanos.	
real	*königlich*	Desde hace siglos y solo con dos breves interrupciones, España es una monarquía con una familia real.	
la familia real	*die königliche Familie*	Según encuestas independientes, la Familia Real es aceptada por el pueblo español.	
hereditario/-a	*erblich, Erb-*	La Familia Real no se vota, sino que forma parte de una monarquía hereditaria.	
la coronación	*Krönung*	La coronación de Juan Carlos I tuvo lugar durante la dictadura franquista.	

término español	dt. Bedeutung	definición / contexto	sin. / ant.
el gobierno	*Regierung*	El Gobierno español rechazó con vehemencia la crítica de la oposición.	= el ejecutivo
el mando	*Befehlshaber*	El rey es el mando de las Fuerzas Armadas.	= la máxima autoridad
el ejército profesional	*Berufsarmee*	España ya no cuenta con el servicio militar, sino con un ejército profesional.	
el presupuesto	*Haushalt, Etat*	La administración del presupuesto anual forma parte de las tareas del gobierno.	
el Tribunal Supremo	*Oberster Gerichtshof*	El Tribunal Supremo tomó la decisión de que la empresa violó los derechos del consumidor.	= la Corte Suprema
el Tribunal Constitucional	*Oberstes Verfassungsgericht*	El Tribunal Constitucional controla la legitimidad de las leyes.	
aprobar (o>ue) **la constitución**	*die Verfassung verabschieden*	La Constitución española fue aprobada en 1978.	
el alto cargo público	*hohes öffentliches Amt*	Tener un alto cargo público suele tener sus ventajas e inconvenientes.	
la toma de posesión	*Amtsantritt*	El 10 de octubre fue el día de la toma de posesión de su nuevo cargo.	≠ la dimisión
ejercer un cargo	*amtieren, ein Amt ausüben*	Este alcalde ejerce el cargo desde hace diez años, tiene la experiencia suficiente.	= estar en funciones
soberano/-a	*souverän*	En nuestra democracia el pueblo es soberano.	≠ dependiente
el jefe/la jefa de Estado	*Staatschef*in*	El rey es el jefe de Estado.	

término español	dt. Bedeutung	definición / contexto	sin. / ant.
el papel representativo	*repräsentative Funktion*	Comparable al presidente federal de Alemania, el rey desarrolla un papel representativo.	
el árbitro moderador	*mäßigender Schiedsrichter*	El papel del rey se puede definir también como árbitro moderador.	
el jefe/la jefa de Gobierno	*Regierungschef*in*	El jefe de Gobierno es nombrado según los resultados de las elecciones.	= el presidente/la presidenta
la presidencia	*Präsidentschaft*	Durante su presidencia se incrementó el porcentaje de mujeres en altos cargos públicos.	
el presidente/ la presidenta	*Präsident*in*	El presidente criticó la política autoritaria del jefe de Gobierno.	
el vicepresidente/la vicepresidenta	*Vizepräsident*in*	El vicepresidente no comentó la actitud del ministro.	
el ministro/ la ministra	*Minister*in*	La ministra de Defensa visitó las tropas españolas en la zona de crisis.	
el diputado/ la diputada	*Abgeordneter/ Abgeordnete*	El diputado visitó las zonas más afectadas por el desastre.	= el legislador/la legisladora (LAm.)
el/la representante	*Vertreter*in*	El representante del partido comunista negó la entrada en la OTAN.	
el/la portavoz	*Sprecher*in*	La portavoz del ministro rechazó un comentario.	
designar	*ernennen*	El presidente designa a los ministros.	= nombrar
el escaño	*Sitz (im Parlament)*	El PP ganó 14 escaños.	= el asiento en el parlamento

término español	dt. Bedeutung	definición / contexto	sin. / ant.
el parlamento bicameral	*Zweikammersystem*	El parlamento bicameral está formado por el Senado y el Congreso de los Diputados.	
el Senado	*Senat (Oberhaus)*	El Senado puede autorizar al Gobierno a intervenir en las comunidades autónomas.	= la Cámara Alta
el Congreso de los Diputados	*Kongress (Unterhaus)*	El Congreso de los Diputados elige al presidente de Gobierno.	= la Cámara Baja
el partido político	*(politische) Partei*	El partido político representa los intereses de los electores.	
el Partido Socialista Obrero Español (PSOE)	*Sozialistische Arbeiterpartei Spaniens*	En el espectro político, el PSOE se sitúa en el centroizquierda.	
el Partido Popular (PP)	*Spanische Volkspartei*	El presidente del PP subrayó la importancia de la medida.	
presidir	*den Vorsitz haben*	El ministro presidió la cumbre.	
disolver (o>ue)	*auflösen*	El rey tiene el poder de disolver el parlamento.	
conservador/-a	*konservativ*	Los diputados conservadores votaron en contra de la reforma.	≠ moderno/-a, innovador/-a
liberal	*liberal*	La política económica del ministro refleja su postura liberal.	

término español	dt. Bedeutung	definición / contexto	sin. / ant.
la coalición	*Koalition*	La coalición entre conservadores y socialistas defraudó por su falta de consenso.	
renunciar a un cargo	*ein Amt niederlegen*	El escándalo le obligó a renunciar a su cargo.	= dimitir
el bipartidismo	*Zweiparteiensystem*	Si dos partidos políticos dominan en las elecciones, hablamos del bipartidismo.	
el vencedor/ la vencedora	*Sieger*in*	La vencedora prometió combatir los problemas sociales.	≠ el perdedor/ la perdedora
llegar a un acuerdo	*sich einigen*	Al final, los adversarios llegaron a un acuerdo.	= ponerse de acuerdo
debatir un problema	*ein Problem diskutieren*	En el parlamento debatieron el problema sin resultados.	
velar por el cumplimiento de los derechos humanos	*die Einhaltung der Menschenrechte überwachen*	Velar por el cumplimiento de los derechos humanos debería ser la tarea de todos nosotros.	≠ violar los derechos humanos
consultar	*zurate ziehen*	El ministro de Asuntos Exteriores consultó a los expertos antes de tomar la decisión.	
el delegado/ la delegada	*Abgesandte*r*	El delegado representa los intereses de un grupo específico.	
la comisión	*Kommission, Ausschuss*	Una comisión de expertos se dedicó al tema para profundizar la discusión.	
negociar	*verhandeln*	El asunto se negoció en la comisión.	

término español	dt. Bedeutung	definición / contexto	sin. / ant.
la política exterior	*Außenpolitik*	En Europa, los Estados miembros suelen cooperar en la política exterior.	≠ la política interior
la jura del cargo	*Amtseid*	Los ministros comienzan su trabajo con la jura del cargo.	
derribar	*stürzen*	No hubo más remedio que derribar al dictador.	= derrocar
la destitución (del cargo)	*Amtsenthebung*	Se hizo necesaria la destitución del ministro por su estimación falsa.	
dar un discurso	*eine Rede halten*	Los diputados dan un discurso para aclarar su punto de vista.	= pronunciar un discurso
el proyecto de ley	*Gesetzesentwurf*	El PNV presentó el proyecto de ley durante el debate parlamentario.	
aprobar (o>ue) **una ley**	*ein Gesetz verabschieden*	El parlamento aprobó la ley con una mayoría absoluta.	≠ rechazar una ley
promulgar una ley	*ein Gesetz erlassen*	Con la mayoría absoluta, el PSOE podría promulgar la ley.	
la legislatura	*Sitzungsperiode*	En esta legislatura no van a solucionar los problemas del desempleo.	
el plebiscito	*Volksabstimmung*	En el plebiscito los españoles votaron por un ejército profesional.	= el referéndum
la campaña electoral	*Wahlkampf*	La campaña electoral resultó fructuosa para el candidato del PP.	
las elecciones generales	*Parlamentswahlen*	El PSOE ganó las elecciones generales por segunda vez en 1986.	= las elecciones legislativas

término español	dt. Bedeutung	definición / contexto	sin. / ant.
las elecciones autonómicas	*Wahlen in den autonomen Regionen*	Las elecciones autonómicas se celebran cada cuatro años.	
las elecciones municipales	*Gemeindewahlen, Kommunalwahlen*	Los resultados de las elecciones municipales sorprendieron a los electores.	= los comicios municipales
asumir	*annehmen*	Los ministros asumen cargos del gobierno.	≠ rechazar
votar	*wählen*	Un 45% votó en contra y un 50% votó a favor de la reforma.	= dar su voto, elegir (e>i)
el derecho a votar	*Wahlrecht*	El derecho a votar no está garantizado en todos los países del mundo.	
el sufragio	*Wahlrecht, Stimme*	El sufragio es un derecho universal.	= el voto
el colegio electoral	*Wahllokal*	Tu colegio electoral estará cerca de tu casa.	
la papeleta de votación	*Stimmzettel*	Tienes que marcar el candidato o partido político que prefieres en la papeleta de votación.	
el candidato/la candidata	*Kandidat*in*	El candidato se negó a dar su opinión.	
el programa electoral	*Wahlprogramm*	La formación y educación de los niños es un componente central del programa electoral del candidato.	
la participación electoral	*Wahlbeteiligung*	La participación electoral se calcula entre el 65 y el 71 %.	
la abstención de voto	*Stimmenthaltung*	Con la abstención de voto no participas en la votación.	

2 La organización territorial y administrativa de España

término español	dt. Bedeutung	definición / contexto	sin. / ant.
el gobierno central	*Zentralregierung*	El gobierno central mantiene la responsabilidad de la defensa nacional.	≠ el gobierno autonómico
la comunidad autónoma	*autonome Region*	España cuenta con 17 comunidades autónomas.	
el estatuto de autonomía	*Autonomiestatut*	El primer Estatuto de Autonomía de Cataluña entró en vigor en 1979.	
la ciudad autónoma	*autonome Stadt*	Ceuta y Melilla son las dos ciudades autónomas del Estado español desde 1955.	
la competencia	*Kompetenz, Vollmacht*	Las competencias de las comunidades autónomas se definen en los estatutos de autonomía.	
la administración	*Verwaltung*	Las comunidades autónomas disponen de su propia administración.	
administrar	*verwalten*	Al comienzo de la sesión el presidente hizo una propuesta de cómo administrar el presupuesto.	= gestionar
abordar un problema	*ein Problem angehen*	La ciudad autónoma de Melilla pide al gobierno central que aborde el problema de la inmigración ilegal.	= intentar solucionar un problema
el estatuto	*Statut*	El estatuto, un conjunto de leyes y normas, regula el autogobierno de cada comunidad autónoma.	

término español	dt. Bedeutung	definición / contexto	sin. / ant.
la Generalitat de Catalunya (cat.)	*die Regierung Kataloniens*	La Generalitat de Catalunya castiga la discriminación del catalán frente al español.	= la Generalidad de Cataluña
la junta	*Name einiger Regierungen der autonomen Regionen*	Algunos gobiernos de las comunidades autónomas se llaman junta, p. ej. la Junta de Andalucía.	
el autogobierno	*Selbstregierung*	La Generalitat de Catalunya tiene el derecho al autogobierno.	
la vigencia	*Rechtsgültigkeit*	La vigencia de las leyes autonómicas es controlada por el Estado español.	
el distrito	*Bezirk*	En este distrito electoral todavía tienen que hacer un recuento de votos.	
la provincia	*Provinz*	Algunas comunidades autónomas están divididas en varias provincias.	
el municipio	*Gemeinde*	En las 50 provincias españolas hay más de 8000 municipios.	
el ayuntamiento	*Rathaus*	La manifestación tuvo lugar delante del ayuntamiento.	= la alcaldía
el alcalde/ la alcaldesa	*Bürgermeister*in*	La alcaldesa abrió la discusión sobre la contaminación medioambiental.	
el concejal/ la concejala	*Stadtrat/ Stadträtin*	El concejal exigió más zonas verdes.	
el desacuerdo	*Unstimmigkeit*	El desacuerdo entre los concejales impidió una solución rápida del problema.	≠ la conformidad, la unanimidad

término español	dt. Bedeutung	definición / contexto	sin. / ant.
el ciudadano/ la ciudadana	*Bürger*in*	Los ciudadanos españoles votaron a favor del nuevo sistema electoral.	
la ciudadanía	*Staatsbürgerschaft*	Muchos inmigrantes aspiran a la ciudadanía española.	= la nacionalidad
las nacionalidades históricas	*die geschichtlich bedingten Nationalitäten*	Las nacionalidades históricas desarrollan un papel importante en la España del siglo XXI.	
federal	*Bundes-*	Alemania es un Estado federal.	≠ centralista
el Principado de Andorra	*das Fürstentum Andorra*	El Principado de Andorra es un estado independiente cuyo idioma oficial es el catalán.	

3 El sistema educativo de España

término español	dt. Bedeutung	definición / contexto	sin. / ant.
la enseñanza	*Unterricht*	La enseñanza es obligatoria entre los 6 y los 16 años.	= la educación, la formación
la enseñanza privada	*Unterricht an einer Privatschule*	Algunos padres prefieren que sus hijos reciban enseñanza privada.	≠ la educación pública
asistir al colegio	*eine Schule besuchen, zur Schule gehen*	En Latinoamérica, muchos niños no tienen la posibilidad de asistir al colegio.	= ir a la escuela
la Educación Infantil	*etwa: Vorschule (3.–5. Lebensjahr)*	La Educación Infantil no es obligatoria.	
la guardería	*Kindertagesstätte*	A mi hija le gusta mucho ir a la guardería y jugar con sus amigas.	
la Educación Primaria Obligatoria	*etwa: Primarstufe (6.–12. Lebensjahr)*	A partir de los 6 años, los niños empiezan la Educación Primaria Obligatoria.	
la escuela primaria	*Grundschule*	La escuela primaria es para los niños entre 6 y 12 años.	
la Educación Secundaria Obligatoria (ESO)	*etwa: Sekundarstufe I (12.–16. Lebensjahr)*	Después de la ESO se puede entrar en la vida laboral o seguir con los estudios secundarios no obligatorios.	
la escuela secundaria	*weiterführende Schule*	La exposición acerca de la Guerra Civil fue un proyecto de la escuela secundaria.	
el instituto	*etwa: Gymnasium*	En un instituto se imparte enseñanza secundaria tanto obligatoria como no obligatoria.	

término español	dt. Bedeutung	definición / contexto	sin. / ant.
el bachillerato	*etwa: Oberstufe*	El bachillerato es la última etapa de la Educación Secundaria.	
la selectividad	*etwa: Abitur, Hochschulzulassungsprüfung*	Con la selectividad los alumnos tienen derecho a estudiar en la universidad.	= la prueba de acceso a la universidad
la asignatura	*Unterrichtsfach*	¿Cuál es tu asignatura favorita?	= la materia
cursar una asignatura	*ein Fach belegen*	Este año cursa una asignatura más: el alemán.	= estudiar una asignatura
la asignatura optativa	*Wahlfach*	También una asignatura optativa puede ser útil.	≠ la asignatura obligatoria
la modalidad	*Schwerpunkt*	¿Qué modalidad quieres elegir, Ciencias y Técnica, Humanidades y Ciencias Sociales o Artes?	
asistir a clase	*am Unterricht teilnehmen*	Si asistes a clase regularmente, no tienes que estudiar tanto en casa.	≠ faltar a clase
las pruebas de evaluación	*Klassenarbeiten*	Las pruebas de evaluación son necesarias para controlar el nivel del alumno.	= los exámenes
presentarse a los exámenes	*Prüfungen ablegen*	Presentarse a los exámenes puede resultar estresante.	= asistir a los exámenes
aprobar (o>ue) **un examen**	*eine Prüfung/ Klausur bestehen*	Aprobó el examen, aunque estaba tan nerviosa que no podía comer nada.	≠ suspender un examen
sacar buenas notas	*gute Noten haben*	No se preocupe, señora, en general su hijo saca buenas notas.	≠ sacar malas notas
el sobresaliente	*sehr gut (Note)*	¡Saqué un sobresaliente en matemáticas!	≠ el deficiente

término español	dt. Bedeutung	definición / contexto	sin. / ant.
el internado	*Internat*	Si el trayecto para llegar a la escuela es muy largo, un internado puede ser una buena alternativa.	
llevar el uniforme	*eine Uniform tragen*	Llevar el uniforme puede nivelar las desigualdades sociales.	
llegar puntualmente	*pünktlich sein*	El examen empieza a las ocho, ¡llegad puntualmente!	= ser puntual
los deberes	*Hausaufgaben*	Los deberes forman parte de las exigencias escolares.	= las tareas
el recreo	*Pause*	Te presto mis apuntes, puedes sacar una copia en el recreo.	= la pausa, el descanso
elegir (e>i) **delegado/-a y subdelegado/-a**	*Klassensprecher*in und Vertreter*in wählen*	El delegado y el subdelegado se eligen al principio del año escolar.	
la reunión de profesores	*Lehrerkonferenz*	En la reunión de profesores se discutió la falta de asistencia del alumno.	
las vacaciones	*Ferien*	Julio, ¿adónde vas en las vacaciones?	
hacer prácticas	*ein Praktikum machen*	A Maca le gustaría hacer prácticas en una empresa de informática.	
la formación profesional	*Berufsausbildung*	La formación profesional es uno de los caminos más eficaces para entrar en el mercado laboral.	
el puesto de aprendizaje	*Lehrstelle, Ausbildungsplatz*	Enrique está buscando un puesto de aprendizaje: quiere ser carpintero.	

término español	dt. Bedeutung	definición / contexto	sin. / ant.
estudiar	*lernen, studieren*	Hay que estudiar mucho para aprobar el bachillerato.	
matricularse (en)	*sich einschreiben (in)*	Después de haber aprobado la selectividad, se matriculó en la Universidad de La Rioja.	= inscribirse (en)
ir a la universidad	*an der Universität studieren*	Hay cada vez más alumnos que quieren ir a la universidad.	= estudiar en la universidad
la escuela universitaria	*Fachhochschule*	La escuela universitaria prepara para la vida laboral.	
la universidad politécnica	*technische Universität*	La universidad politécnica especializa para el trabajo de ingeniero, físico, informático, etc.	
la universidad a distancia	*Fernuniversität*	La universidad a distancia permite que sigas trabajando mientras estudias.	
la enseñanza universitaria	*Universitätslehre*	El nivel de la enseñanza universitaria te cualifica para tu futuro puesto académico.	= la educación universitaria
la licenciatura	*Hochschulabschluss*	La licenciatura te abre las puertas para un trabajo más exigente.	= el título universitario de cinco años
el catedrático/ la catedrática	*Professor*in*	El catedrático discutió el problema con los estudiantes.	= el profesor/ la profesora universitario/ -a
la facultad	*Fakultät*	La Facultad de Derecho preparó varias actividades de bienvenida para los nuevos estudiantes.	

término español	dt. Bedeutung	definición / contexto	sin. / ant.
el departamento	*Fachbereich, Institut*	Una facultad suele tener varios departamentos.	
la carrera de empresariales	*Studium der Betriebswirtschaftslehre*	Estoy haciendo una carrera de empresariales para trabajar en la bolsa.	
Derecho (m.)	*Jura*	Julia quiere estudiar Derecho y hacerse abogada.	= Leyes (f. pl.)
Humanidades (f. pl.)	*Geisteswissenschaften*	Entre las Humanidades están, p. ej., Historia, Lingüística y Filosofía.	
la beca (de matrícula)	*Stipendium*	Tengo que conseguir una beca para tener los recursos financieros necesarios.	= la ayuda para estudiar
solicitar una beca	*ein Stipendium beantragen*	El año que viene Pedro solicitará una beca para hacer unas prácticas en Dinamarca.	= pedir (e>i) una beca
el becario/ la becaria	*Stipendiat*in*	La becaria dio las gracias a la fundación.	
el itinerario	*Zweig*	Las alumnas del itinerario científico visitaron la Universidad Politécnica de Madrid.	
el centro educativo para adultos	*etwa: Volkshochschule*	El centro educativo para adultos ofrece un abanico de cursos interesantes.	
ir a clases nocturnas	*Abendkurse besuchen*	Después de su trabajo, va a clases nocturnas para mejorar su inglés.	

4 La Unión Europea

término español	dt. Bedeutung	definición / contexto	sin. / ant.
la Unión Europea (UE)	*die Europäische Union (EU)*	Cuando se inició la UE, España y Alemania ya colaboraban en muchos sectores.	
el Parlamento Europeo	*das Europäische Parlament*	El Parlamento Europeo representa a los ciudadanos de la UE.	
el Estado miembro	*Mitgliedsstaat*	Cada Estado miembro envía diputados al Parlamento Europeo.	= el comunitario
la Comunidad Económica Europea (CEE)	*Europäische Wirtschaftsgemeinschaft (EWG)*	Uno de los antecedentes de la UE fue la Comunidad Económica Europea.	
el Tratado de Roma	*der Vertrag von Rom*	En 1957 nació la CEE con la firma del Tratado de Roma.	
el Acuerdo de Schengen	*das Schengener Abkommen*	El Acuerdo de Schengen regula la libre circulación de personas dentro de sus fronteras.	
el Tratado de Maastricht	*der Vertrag von Maastricht*	El 1 de noviembre de 1993 se formó la UE con el Tratado de Maastricht.	
ampliar	*erweitern*	Con la integración de los países de la Europa del Este se amplió la Unión.	≠ reducir (c>zc), disminuir (i>y)
abandonar la UE	*aus der EU austreten*	En el referéndum de 2016 los británicos decidieron abandonar la UE.	= salir/retirarse de la UE
el acuerdo de salida	*Austrittsvertrag*	El Parlamento rechazó otra vez el acuerdo de salida.	
aplazar	*verschieben*	La decisión fue aplazada otra vez.	= retrasar

término español	dt. Bedeutung	definición / contexto	sin. / ant.
compartir una idea	*einen Gedanken/ eine Idee teilen*	En la UE compartimos la idea de un futuro pacífico y próspero.	
la Comisión Europea	*die Europäische Kommission*	La Comisión Europea representa los intereses de la UE y es su brazo ejecutivo.	
el Consejo de la Unión Europea	*der Rat der Europäischen Union*	El Consejo de la Unión Europea es un gremio de los Gobiernos nacionales.	
la Constitución europea	*die europäische Verfassung*	El carácter de la Constitución europea ha despertado controversias en la UE.	
asentarse (e>ie) **(en)**	*sich gründen (auf)*	La idea de la UE se asienta en la cooperación y la solidaridad.	= basarse (en)
la moneda única	*Einheitswährung*	La moneda única facilita el comercio interior y exterior.	
la zona del euro	*die Eurozone*	Algunos Estados miembros de la UE como Suecia no pertenecen a la zona del euro.	= la eurozona
la identidad nacional	*nationale Identität*	Algunos escépticos temen la pérdida de la identidad nacional.	
ser ciudadano europeo/ ciudadana europea	*europäischer Bürger/europäische Bürgerin sein*	Ser ciudadano europeo es un privilegio que deberíamos valorar más.	= tener (e>ie) la ciudadanía europea
la Europa Oriental	*Osteuropa*	La Europa Oriental se orienta hacia la UE.	= la Europa del Este ≠ la Europa Occidental

término español	dt. Bedeutung	definición / contexto	sin. / ant.
el telón de acero	*der Eiserne Vorhang*	El telón de acero separó el Oeste capitalista del Este comunista.	
la caída del muro de Berlín	*der Fall der Berliner Mauer*	La caída del muro de Berlín acabó con las antiguas rivalidades políticas y sociales.	
la Europa poscomunista	*das postkommunistische Europa*	La Europa poscomunista ya no está caracterizada por dos ideologías contrarias y combativas.	
la variedad de culturas	*kulturelle Vielfalt*	Disfrutamos de la variedad de culturas en la Unión Europea.	= la pluralidad cultural
la globalización	*Globalisierung*	Una meta central de los defensores de la globalización es la abolición de las barreras comerciales.	= la mundialización
la sociedad multicultural	*multikulturelle Gesellschaft*	Ya vivimos la sociedad multicultural con sus nuevos desafíos.	= la sociedad panétnica
la minoría étnica	*ethnische Minderheit*	Las minorías étnicas se distinguen por su lengua, dialecto, raza o religión en la sociedad en la que viven.	
definir una nación	*eine Nation definieren/bestimmen*	A veces resulta discutible definir una nación.	
la cooperación internacional	*internationale Zusammenarbeit*	Es imprescindible que promovamos la cooperación internacional en una Europa pacífica.	= el aporte internacional
brindar oportunidades	*Gelegenheiten/ Möglichkeiten eröffnen*	Vivir en una Europa sin fronteras brinda nuevas oportunidades.	= dar oportunidades

término español	dt. Bedeutung	definición / contexto	sin. / ant.
participar en programas europeos	*an europäischen Programmen teilnehmen*	Los jóvenes tienen muchas posibilidades de participar en programas europeos.	
la beca de Erasmus	*das Erasmus-Stipendium*	Jordi fue a Irlanda con una beca de Erasmus y pasó tres meses en Dublín.	
las perspectivas laborales	*Aussichten auf dem Arbeitsmarkt*	Con una estancia en un país extranjero puedes mejorar tus perspectivas laborales.	
el intercambio	*Austausch*	Muchos colegios tienen programas de intercambio con otros colegios de diferentes países.	
mirar de otra manera a su país	*sein Land mit anderen Augen sehen*	Al volver a España fue capaz de mirar de otra manera a su país.	
próspero/-a	*wohlhabend, blühend*	Con el crecimiento del turismo y la entrada en la Unión Europea, España se ha convertido en un país próspero.	≠ pobre, marginado/-a

La sociedad

1 Los problemas y desafíos de la sociedad española

término español	dt. Bedeutung	definición / contexto	sin. / ant.
el desafío	*Herausforderung*	Una vida digna, justa y satisfecha para cada individuo es el gran desafío del siglo XXI.	= el reto
la pobreza	*Armut*	En España, casi un 20% de la población vive por debajo del umbral de la pobreza.	= la miseria ≠ la riqueza, la abundancia
el paro	*Arbeitslosigkeit*	Mucha gente que está en paro tiene la sensación de ser inútil.	= el desempleo
la tasa de natalidad	*Geburtenrate*	España es uno de los países europeos con la tasa de natalidad más baja.	≠ la tasa de mortalidad
el racismo	*Rassismus*	El presidente del club exigió cero tolerancia con el racismo en el fútbol.	≠ la tolerancia
el nacionalismo	*Nationalismus*	El nacionalismo es una ideología que sobrevalora la propia nación.	
luchar contra la discriminación	*die Diskriminierung bekämpfen*	La sociedad multiétnica y liberal debe luchar contra la discriminación de extranjeros, mujeres y personas discapacitadas.	= luchar por la igualdad
la convivencia pacífica	*friedliches Zusammenleben*	Podemos fomentar la convivencia pacífica con nuestra propia actitud.	

término español	dt. Bedeutung	definición / contexto	sin. / ant.
mostrarse (o>ue) **tolerante (con)**	*sich tolerant zeigen (gegenüber)*	Deberíamos mostrarnos tolerantes con las minorías discriminadas.	= ser comprensivo/-a (con)
endeudado/-a	*verschuldet*	Hay familias españolas que están endeudadas hasta las cejas.	≠ libre de deudas
el envejecimiento	*Altern, Älterwerden*	El envejecimiento de la sociedad es un fenómeno preocupante.	≠ el rejuvenecimiento
las personas de la tercera edad	*alte Menschen, Senioren*	Las personas de la tercera edad muchas veces son activas y están subestimadas por su edad.	= las personas mayores ≠ los jóvenes
jubilarse	*in Rente gehen*	Cuando José se jubiló, tuvo problemas para adaptarse.	
la residencia para ancianos	*Altenheim*	Desde la muerte de su marido, la Sra. García vive en una residencia para ancianos.	= el asilo de ancianos
la vivienda tutelada	*betreutes Wohnen*	La vivienda tutelada ofrece la posibilidad de mantener la independencia y tener asistencia a la vez.	
cuidar	*pflegen*	En el hospital cuidaron muy bien a mi abuela.	= atender (e>ie)
el plan de pensiones	*Altersvorsorge*	Ya deberías pensar en el plan de pensiones siendo joven.	
el descuido	*Vernachlässigung*	Muchos ancianos sufren descuido por parte de sus familias.	= la desatención
el cuidado médico	*ärztliche Betreuung*	Muchos ciudadanos gozan de un buen cuidado médico.	= la atención médica

término español	dt. Bedeutung	definición / contexto	sin. / ant.
la violencia doméstica	*häusliche Gewalt, Gewalt in der Familie*	Hay cada vez más denuncias de violencia doméstica.	
denunciar	*zur Anzeige bringen*	No todas las mujeres se atreven a denunciar a sus maridos violentos.	≠ callarse
la prevención	*Prävention*	La administración ofrece distintos programas de prevención.	
el divorcio	*Scheidung*	En España, hay una ley de divorcio que se llama el «divorcio exprés».	≠ el casamiento
el amo/el ama de casa (f.)	*Hausmann/Hausfrau*	Algunas personas eligen ser amas o amos de casa y otras prefieren trabajar fuera del hogar.	
trabajar fuera de casa	*außer Haus arbeiten*	En la época franquista pocas mujeres trabajaban fuera de casa.	≠ trabajar en casa, ser amo/ama de casa
depender de la pareja	*vom Partner/von der Partnerin abhängig sein*	Hasta hoy en día, muchas mujeres dependen económicamente de la pareja.	≠ independizarse de la pareja
la independencia jurídica y económica	*rechtliche und wirtschaftliche Unabhängigkeit*	En el pasado las mujeres lucharon por su independencia jurídica y económica.	
la igualdad de salario	*Gleichheit der Löhne und Gehälter*	Deberíamos insistir más en la igualdad de salario.	= la igualdad salarial
cobrar un salario menor	*einen geringeren Lohn beziehen*	Aún hoy las mujeres cobran un salario menor que los hombres.	

término español	dt. Bedeutung	definición / contexto	sin. / ant.
la revolución sexual	*sexuelle Revolution/Befreiung*	La revolución sexual mejoró la situación personal de las mujeres.	
el control de la natalidad	*Geburtenkontrolle*	Con el control de la natalidad las mujeres son capaces de decidir cuántos niños quieren tener.	
la píldora anticonceptiva	*die Pille*	La invención de la píldora anticonceptiva fue la condición imprescindible para la revolución sexual.	
el aborto	*Abtreibung*	El aborto sigue siendo un tema controvertido.	
la discriminación sexual en el trabajo	*sexuelle Diskriminierung am Arbeitsplatz*	Sandra denunció a su jefe por discriminación sexual en el trabajo.	
la conciliación	*Vereinbarkeit*	La conciliación de distintos roles sociales, como el trabajo y la familia, puede resultar difícil.	
criar a los hijos	*Kinder großziehen*	Los padres desempeñan un papel muy importante criando a los hijos.	= ocuparse de/educar a los hijos
dedicarles tiempo a los hijos	*den Kindern Zeit widmen*	Cada vez es más común que ambos padres les dediquen mucho tiempo a sus hijos.	
la jornada continua	*durchgehende Arbeitszeit*	Preferiría la jornada continua sin parar entre las 14 y 16 para estar en casa más temprano.	≠ la jornada partida
el tiempo de baja por maternidad	*Mutterschutz*	Hace falta prolongar el tiempo de baja por maternidad en España.	

término español	dt. Bedeutung	definición / contexto	sin. / ant.
la Organización no Gubernamental (ONG)	*Nichtregierungsorganisation (NGO) (= nichtstaatliche Hilfsorganisation)*	Las ONG apoyan a minorías y otros grupos discriminados en la lucha por sus derechos.	
ser solidario/-a	*solidarisch sein*	Es necesario que seamos solidarios con los marginados en nuestra sociedad.	= apoyar
el donativo	*Spende*	Si no quieres ayudarles directamente, deberías dar un donativo.	= la donación
tomar medidas	*Maßnahmen ergreifen*	El alcalde prometió tomar medidas para mejorar la situación de los niños descuidados.	= actuar, intervenir (e>ie)
la crisis humanitaria	*humanitäre Katastrophe*	En el Congo los conflictos se han convertido en una verdadera crisis humanitaria.	
el aumento alarmante (de)	*alarmierende Zunahme (von)*	El aumento alarmante de enfermedades como el sida nos obliga a tomar medidas.	= el crecimiento alarmante (de)
la desnutrición	*Unterernährung*	Miles de niños murieron de desnutrición en la zona de guerra.	= la falta de alimentación
la ayuda material	*Hilfsgüter*	Los camiones transportaron más de 50 toneladas de ayuda material a las zonas afectadas.	
el campo de refugiados	*Flüchtlingslager*	La acogida en el campo de refugiados resultó desorganizada.	

2 Los problemas y desafíos de la sociedad latinoamericana

término español	dt. Bedeutung	definición / contexto	sin. / ant.
el trabajo infantil	*Kinderarbeit*	Hoy día, muchos niños viven en la calle realizando alguna forma de trabajo infantil.	
la explotación	*Ausbeutung*	El trabajo infantil no es más que explotación.	= el aprovechamiento
bregar en las minas	*in den Minen schuften*	Aún hoy los indígenas bregan en las minas de Potosí.	
mascar las hojas de coca	*Kokablätter kauen*	Muchos indios mascan las hojas de coca contra el hambre.	= masticar las hojas de coca
infrahumano/-a	*menschenunwürdig*	Las condiciones de vida en los barrios pobres son infrahumanas.	= indigno/-a ≠ digno/-a
quedar fuera (de)	*ausgeschlossen bleiben (von)*	Gran parte de la población queda fuera del auge económico.	= estar aislado/-a (de) ≠ formar parte (de)
superar	*überwinden*	El protagonista Juan consigue superar su pobreza.	= vencer
el acceso a la educación y formación	*Zugang zu Bildung und Ausbildung*	El acceso a la educación y formación es el fundamento de un futuro mejor.	
el bajo nivel educativo	*geringe Schulbildung*	Con un bajo nivel educativo es difícil conseguir un trabajo bien remunerado.	≠ el alto nivel educativo
el analfabetismo	*Analphabetentum*	Si una persona no sabe leer ni escribir, hablamos de analfabetismo.	≠ el alfabetismo
el mendigo/ la mendiga	*Bettler*in*	Un mendigo o una mendiga es una persona que pide dinero o comida a los transeúntes.	= el pordiosero/la pordiosera

término español	dt. Bedeutung	definición / contexto	sin. / ant.
los gamines (LAm.)	*Straßenkinder*	Muchos gamines duermen en edificios abandonados.	= los niños de la calle
al amparo de	*mit der Hilfe/ dem Schutz von*	Al amparo de organizaciones no gubernamentales los niños pueden salir de la miseria.	= con la ayuda de
el huérfano/ la huérfana	*Waise*	Un niño o una niña que ya no tiene padres se llama huérfano o huérfana.	
la pandilla	*Bande, Clique*	Los gamines se organizan en pandillas para sobrevivir.	= la banda
la acera	*Bürgersteig*	En muchos casos los niños de la calle son obligados a dormir en la acera.	
llevar ropa harapienta	*zerlumpte Kleidung tragen*	Como los gamines no tienen dinero suficiente, llevan ropa harapienta que encuentran en la basura.	
comer de la basura	*aus der Mülltonne essen*	Durante sus años en la calle muchas veces comió de la basura.	
vagabundear	*streunen*	Si los gamines no tienen otra cosa que hacer, vagabundean por el barrio.	
el/la limpiabotas	*Schuhputzer*in*	En la zona peatonal existe la posibilidad de trabajar de limpiabotas.	
el limpiador/ la limpiadora de coches	*Autowäscher*in*	En el semáforo queda tiempo para ofrecer los servicios de limpiador de coches.	

término español	dt. Bedeutung	definición / contexto	sin. / ant.
vender baratijas	*„Kleinkram" verkaufen*	La niña vendió baratijas, p. ej. golosinas, globos y helado.	
los ingresos	*Einkünfte*	La madre se quedó sin ingresos así que no podía mantener a sus hijos.	≠ los gastos
el círculo vicioso	*Teufelskreis*	Muchos gamines entran en un círculo vicioso de pobreza y adicción.	
marginado/-a	*marginalisiert, am Rande der Gesellschaft lebend*	Hay cada vez más jóvenes marginados en nuestra sociedad.	≠ integrado/-a
esnifar pegamento	*Klebstoff schnüffeln*	Para combatir el hambre los niños de la calle esnifan pegamento.	= inhalar pegamento
ser adicto/-a (a)	*abhängig sein (von)*	La ONG ayuda a los gamines que son adictos a las drogas.	
escapar de la realidad	*vor der Wirklichkeit fliehen*	Escapan de la realidad tomando drogas.	≠ confrontarse con sus problemas
causar problemas físicos y psíquicos	*körperliche und psychische Probleme bereiten*	El consumo de inhalantes causa problemas físicos y psíquicos.	
sufrir una enfermedad	*an einer Krankheit leiden*	Muchos gamines sufren enfermedades, pero no reciben ningún tipo de tratamiento médico.	= padecer

término español	dt. Bedeutung	definición / contexto	sin. / ant.
el narcotráfico	*Drogenhandel*	Abusan de los gamines que son utilizados por el narcotráfico.	= el tráfico de drogas
la víctima de abuso	*Opfer von Missbrauch*	Las víctimas de abuso tienen miedo a denunciar el crimen.	
pegar	*schlagen*	Hay policías que pegan a los gamines.	
robar	*stehlen*	Robar para sobrevivir es una solución problemática.	= hurtar
atacar	*überfallen*	Los hombres atacaron a una anciana en el metro.	
el asesinato	*Mord*	La tasa de asesinatos sigue creciendo en este barrio.	
el crimen organizado	*organisiertes Verbrechen*	El crimen organizado amenaza la seguridad ciudadana.	
la cárcel	*Gefängnis*	Al final algunos de ellos terminan en la cárcel.	
la delincuencia	*Verbrechen*	La delincuencia urbana es un desafío constante para muchas sociedades latinoamericanas	
el/la delincuente	*Straftäter*in*	Muchos delincuentes juveniles vienen de familias pobres.	
la redada	*Razzia*	En la redada la policía encontró al delincuente.	
acabar con la corrupción	*die Korruption bekämpfen*	Lo más importante es que el gobierno acabe con la corrupción.	= ponerle fin a la corrupción

3 Los jóvenes

término español	dt. Bedeutung	definición / contexto	sin. / ant.
la infancia	*Kindheit*	La infancia es una temporada que nos determina para toda la vida.	≠ la vejez
ser joven	*jung sein*	Volver a ser joven parece el sueño de muchas personas mayores.	≠ ser viejo/-a
el/la joven	*Jugendliche*r*	Una parte importante de los jóvenes españoles vive en casa de sus padres hasta bien entrada la edad adulta.	= el/la adolescente
la juventud	*Jugend*	El ejercicio puede ser tu fuente personal de juventud.	
ser mayor de edad	*volljährig sein*	Cuando sea mayor de edad, tendrá todas las ventajas y responsabilidades de un adulto.	≠ ser menor de edad
el adulto/ la adulta	*Erwachsene*r*	Muchas veces los adultos no entienden nada de las modas juveniles.	= el/la mayor
el tiempo libre	*Freizeit*	En mi tiempo libre me encanta chatear en la red.	= el ocio
el deporte	*Sport*	El deporte favorito de muchos jóvenes es el fútbol.	
quedar con amigos	*Freunde treffen*	Los fines de semana me gusta quedar con amigos.	
tocar un instrumento	*ein Instrument spielen*	Tocar un instrumento es una forma muy bonita de relajarse.	
jugar (u > ue) **a videojuegos**	*Computerspiele spielen*	Pasa todo el día jugando a videojuegos en el ordenador.	

término español	dt. Bedeutung	definición / contexto	sin. / ant.
llevarse bien/ mal con alguien	*sich mit jdm. gut/ schlecht verstehen*	Generalmente me llevo mal con mi hermana menor.	
discutir con alguien	*mit jdm. streiten*	Cuando discute con sus padres, casi siempre tiene que ver con su nueva novia.	= pelearse con alguien
gastar dinero (en)	*Geld ausgeben (für)*	Los jóvenes gastan la mayor parte de su dinero en ropa y copas.	≠ ahorrar dinero
independizarse (de)	*unabhängig werden (von)*	El proceso de independizarse causa muchas discusiones en la familia.	≠ depender (de)
ser rebelde	*rebellisch sein*	A mi hermano le gusta ser rebelde.	≠ cumplir las normas
llegar tarde a casa	*(zu) spät nach Hause kommen*	Mi madre está muy enfadada cuando llego tarde a casa.	≠ ser puntual
ser responsable	*verantwortungsbewusst sein*	No me gusta que sea tan despreocupado, debería aprender a ser responsable.	≠ ser irresponsable
sentir (e>ie) rabia	*wütend sein*	Cada vez que su madre le criticaba por sus notas, sentía rabia.	= enfurecerse (c>zc)
enfrentarse a los padres	*sich den Eltern widersetzen*	Es necesario que te enfrentes más a tus padres.	= oponerse a los padres
prohibir	*verbieten*	Resulta difícil prohibir los cigarrillos a los menores de edad.	≠ permitir, dejar hacer
pillar	*erwischen*	Cuando Pablo intentó robar el móvil, lo pillaron en la caja.	= coger

término español	dt. Bedeutung	definición / contexto	sin. / ant.
recibir un castigo	*bestraft werden*	Al llamar a sus padres, recibió un castigo inmediatamente.	= ser castigado/-a
la paga	*Taschengeld*	La paga semanal de los jóvenes es variable.	
ahorrar dinero	*Geld sparen*	Pepe ahorra dinero para poder comprarle un regalo a Merche.	≠ gastar dinero
la incomunicación	*Sprachlosigkeit, fehlende Kommunikation*	La incomunicación domina en familias que no son capaces de enfrentarse a sus problemas.	= la falta de comunicación
las tareas domésticas	*Hausarbeit*	En el pasado, las tareas domésticas no pertenecían al campo masculino.	
portarse bien/mal	*sich gut/schlecht benehmen*	¡Pórtate bien en el colegio!	= comportarse bien/mal
terminar el bachillerato	*das Abitur machen*	Cuando haya terminado el bachillerato, me iré de vacaciones a Marbella.	
entrar en la universidad	*zur Universität gehen*	Después del bachillerato, sueño con entrar en la universidad.	= empezar (e>ie) a estudiar
empezar (e>ie) **a trabajar**	*anfangen zu arbeiten*	No le apetece estudiar, prefiere empezar a trabajar.	
el paro juvenil	*Jugendarbeitslosigkeit*	El aumento del paro juvenil fue una de las mayores preocupaciones de la Ministra de Educación.	= el desempleo juvenil
hacerse rico/-a	*reich werden*	No es mi meta principal hacerme rica, prefiero estar contenta con mi trabajo.	≠ empobrecer (c>zc)

término español	dt. Bedeutung	definición / contexto	sin. / ant.
tener (e>ie) **carné de conducir**	*einen Führerschein haben*	Logró tener su carné de conducir el día de su cumpleaños.	= tener (e>ie) permiso de conducir
compartir un piso	*in einer WG leben*	Prefiero compartir un piso, tengo miedo a vivir sola.	≠ vivir solo/-a
ligarse a alguien (col.)	*mit jdm. flirten*	En clase me gustaría ligarme a Juan.	
estar enamorado/-a	*verliebt sein*	Está enamorado de Julieta desde hace tres años.	
enrollarse con alguien (col.)	*sich mit jdm. einlassen*	Es muy tímido, no se enrolla con nadie.	
el sexo	*Geschlecht, Sex*	La relación entre ambos sexos se dificulta en la pubertad.	
tener (e>ie) **michelines** (col.)	*Speckpolster/ „Rettungsringe" haben*	Después del verano, con los helados que disfruto, siempre tengo más michelines.	
la anorexia	*Magersucht, Anorexie*	Desafortunadamente, la anorexia se ha convertido en un fenómeno cada vez más frecuente entre las jóvenes.	
la bulimia	*Bulimie*	La anorexia y la bulimia son muchas veces síntomas de una enfermedad psíquica.	
el sobrepeso	*Übergewicht*	El sobrepeso perjudica la salud.	
la delgadez	*Schlankheit, Untergewicht*	La línea entre la delgadez y la anorexia puede ser muy fina.	
la imagen	*Aussehen, Spiegelbild*	Hay jóvenes que se preocupan demasiado por su imagen.	= la apariencia física

término español	dt. Bedeutung	definición / contexto	sin. / ant.
la convivencia	*Zusammenleben*	La convivencia entre padres e hijos resulta complicada.	
llevar ropa de marca	*Markenkleidung tragen*	Para muchos jóvenes llevar ropa de marca es importante aunque es demasiado cara.	
cursi	*kitschig, merkwürdig*	La ropa de Anabel es muy cursi.	
el tatuaje	*Tätowierung, Tattoo*	Está de moda llevar un tatuaje.	
la pandilla	*Clique*	Solo confía en lo que opina la pandilla.	
la presión del grupo	*Gruppenzwang*	En mi pandilla no existe la presión del grupo, solemos decir lo que pensamos.	
ir de copas (col.)	*ausgehen (in Kneipen)*	Venga, ¡vámonos de copas esta noche!	= salir a tomar algo
divertirse (e>ie)	*Spaß haben*	Este chico no quiere una relación seria, solo quiere divertirse.	≠ pasárselo mal
el botellón	*Treffen von Jugendlichen auf der Straße zum Trinken u. a.*	Los padres no entienden por qué el botellón es una forma tan requerida de pasar el fin de semana.	
hacer ruido	*lärmen*	Los vecinos se quejan de la gente que hace mucho ruido en las calles por la noche.	= meter ruido
emborracharse	*sich betrinken*	No te emborraches, deberías pensar en tu salud.	= beber demasiado
marchoso/-a	*unterhaltsam, lustig*	La fiesta fue muy marchosa, ¿no?	≠ aburrido/-a

término español	dt. Bedeutung	definición / contexto	sin. / ant.
la borrachera	*Besäufnis*	No quiero salir con ellos, sus fiestas terminan siempre con una borrachera.	
el coma etílico	*Alkoholvergiftung*	Ana se vio en el hospital con un coma etílico.	= la intoxicación alcohólica
la drogadicción	*Drogenabhängigkeit*	Tomar cierta cantidad de alcohol frecuentemente puede llevar a la drogadicción.	
el colocón (col.)	*Rausch*	Condujo el coche con un colocón, ¡qué horror!	
la droga	*Rauschgift, Droge*	Cambió mucho su carácter al tomar la droga.	= la sustancia estupefaciente
sin freno	*ungebremst*	Javier bailó en tu fiesta sin freno.	
saltarse	*missachten, sich hinwegsetzen über*	Hay jóvenes que se saltan las reglas constantemente.	

4 La inmigración

término español	dt. Bedeutung	definición / contexto	sin. / ant.
el/la inmigrante	*Einwanderer/ Einwanderin*	La mano de obra de los inmigrantes contribuye al crecimiento de las economías nacionales.	≠ el/la residente
el/la emigrante	*Auswanderer/ Auswanderin*	Los emigrantes tienen muchos sueños y esperanzas al llegar a su país de destino.	≠ el/la inmigrante
el movimiento migratorio	*Wander-, Migrationsbewegung*	En la historia siempre ha existido el fenómeno del movimiento migratorio.	= el flujo/ fenómeno migratorio
el refugiado/ la refugiada	*Flüchtling, Geflüchtete*r*	Acomodaron a los refugiados en el aula.	= el exiliado/ la exiliada
el asilado/ la asilada	*Asylbewerber*in*	El asilado se presentó en el programa para explicar sus necesidades.	
huir (i>y) **(de)**	*fliehen (vor)*	Huyó de su patria a causa de la situación económica.	
el origen	*Herkunft*	La mayoría de los inmigrantes españoles son de origen latinoamericano.	= la procedencia
el destino	*Ziel*	Abdel definió su destino: España.	= la meta, el objetivo
el permiso de residencia	*Aufenthaltserlaubnis*	Sin el permiso de residencia no se consigue el permiso de trabajo.	
clandestino/-a	*heimlich, verboten*	Como no tiene permiso de residencia, vive como clandestino en los Estados Unidos.	= secreto/-a, ilegal

término español	dt. Bedeutung	definición / contexto	sin. / ant.
el indocumentado/la indocumentada	*illegaler Einwanderer/illegale Einwanderin*	Todos los que cruzan la frontera ilegalmente se llaman indocumentados.	= el/la ilegal, el/la sin papeles
abandonar el país	*die Heimat verlassen*	Abandonó el país sin llevar a su familia.	= salir de su país
soñar (o>ue) con un futuro mejor	*von einer besseren Zukunft träumen*	Los inmigrantes sueñan con un futuro mejor y una vida pacífica.	= aspirar a vivir mejor
tentar (e>ie) la suerte	*sein Glück versuchen*	Tentar la suerte en Europa es el sueño de muchos africanos.	
dejar atrás	*zurücklassen*	Los emigrantes dejan atrás a sus familias para mejorar su situación económica.	= abandonar
cruzar la frontera	*die Grenze überqueren*	Cruzar la frontera parece la solución más eficaz.	
entrar en un país	*in ein Land kommen*	No se sabe cuántos inmigrantes ilegales entran en EE. UU. cada año.	= ingresar a/ llegar a un país
la policía de fronteras	*Grenzpolizei*	La policía de fronteras detuvo a cinco ilegales.	= la migra (LAm.)
vigilar la frontera	*die Grenze überwachen*	Los EE. UU. vigilan la frontera con México atentamente.	
saltar la valla	*über den Zaun springen*	En la madrugada los inmigrantes intentaron saltar la valla.	
la travesía	*Überquerung*	Muchos inmigrantes se mueren de hambre y sed durante la larga travesía.	
la patera	*(Schlauch-)Boot*	La travesía en la patera causó la muerte de 15 africanos.	= el bote, el cayuco

término español	dt. Bedeutung	definición / contexto	sin. / ant.
naufragar	*Schiffbruch erleiden*	Naufragaron durante una tempestad en el mar.	
morir (o>ue) **ahogado/-a**	*ertrinken*	Murieron ahogados 22 senegaleses en la patera.	
los «mojados» (LAm., pey.)	*„Wetbacks“ (abwertender Begriff für illegale Einwanderer in den USA)*	Se llama «mojados» a los inmigrantes que cruzan ilegalmente el Río Grande.	
el pollero/ la pollera (LAm.)	*Schleuser*in*	El pollero los ayudó a entrar a los EE. UU. ilegalmente.	= el coyote (LAm.)
la red de traficantes	*Schmugglernetz*	Existe una red de traficantes que se organiza internacionalmente.	
acusar del delito de tráfico de personas	*wegen Menschenhandels anklagen*	Lo acusaron del delito de tráfico de personas.	
abandonar en el desierto	*in der Wüste aussetzen*	Con frecuencia los polleros abandonan a los inmigrantes en el desierto.	
rescatar	*retten*	La patrulla fronteriza rescató ayer a diez inmigrantes que estaban a punto de morir de sed.	= salvar
la Cruz Roja	*das Rote Kreuz*	La Cruz Roja dio atención médica a los inmigrantes en las playas tinerfeñas.	
detener (e>ie)	*festnehmen*	La policía la detuvo y la mandó a Marruecos.	≠ poner en libertad
esconderse	*sich verstecken*	Fátima, una ilegal, se esconde de la policía.	= ocultarse
atrapar	*erwischen, fassen*	La atraparon realizando su trabajo de niñera.	= pillar, coger

término español	dt. Bedeutung	definición / contexto	sin. / ant.
expulsar	*ausweisen*	¿Cuáles serían las consecuencias si se expulsara a personas en situación irregular?	
la visa	*Visum*	Consiguió la visa en la embajada.	= el visado (LAm.)
tener (e>ie) **la documentación en regla**	*korrekte Arbeitspapiere haben*	Para conseguir un trabajo seguro, es importante que el inmigrante tenga la documentación en regla.	
el Magreb	*Maghreb*	Marruecos, Túnez, Argelia, Mauritania, Sáhara Occidental y Libia pertenecen al Magreb.	
el/la magrebí	*Maghrebiner*in*	Hay cada vez más magrebíes que tientan su suerte en Europa.	
el/la marroquí	*Marokkaner*in*	Una persona procedente de Marruecos se llama marroquí.	
el África subsahariana	*Subsahara-Afrika (Länder südlich der Sahara)*	Su peligroso trayecto le llevó desde África subsahariana hasta Libia y luego a España.	
el/la estadounidense	*US-Amerikaner*in*	Muchos estadounidenses participan en actividades de voluntariado como parte de la vida comunitaria.	
el hispano/ la hispana	*Hispano/Hispana; in den USA lebende*r Lateinamerikaner*in*	Los hispanos forman una parte importante de la sociedad estadounidense, sobre todo en las grandes ciudades.	

término español	dt. Bedeutung	definición / contexto	sin. / ant.
el chicano/ la chicana	*in den USA geborene*r Mexikaner*in*	La influencia de los chicanos va aumentando.	= el méxico-americano/ la méxico-americana
crecer (c>zc) **entre dos culturas**	*zwischen zwei Kulturen aufwachsen*	No es siempre fácil crecer entre dos culturas, pero al final resulta fructuoso.	
el crisol de culturas	*Schmelztiegel der Kulturen*	El concepto del «crisol de culturas» es una de las formas de describir la sociedad estadounidense.	
la otredad	*Andersartigkeit*	Muchas veces es simplemente la otredad que nos provoca resentimientos.	
el idioma materno	*Muttersprache*	La mayoría de traductores traducen hacia su lengua materna.	≠ el idioma extranjero
mantener (e>ie) **a la familia**	*die Familie unterhalten/ernähren*	El inmigrante mantiene a su familia que sigue viviendo en su país de origen.	= alimentar a la familia
regresar	*zurückkehren*	Tras la detención por la policía, regresó a Senegal.	= volver (o>ue)
sentirse (e>ie) **discriminado/-a**	*sich diskriminiert fühlen*	Aunque consigan integrarse, hay gente que se siente discriminada.	≠ sentirse (e>ie) aceptado/-a
la ocupación laboral	*Beschäftigung*	La mayoría de los inmigrantes se busca una ocupación laboral, p. ej. en la agricultura o en la construcción.	
las condiciones laborales	*Arbeitsbedingungen*	Sus condiciones laborales son pésimas.	
la economía sumergida	*Schattenwirtschaft*	La economía sumergida es el conjunto de actividades económicas ilegales.	= la economía informal

término español	dt. Bedeutung	definición / contexto	sin. / ant.
el mercado oculto	*Schwarzmarkt*	Los inmigrantes sin papeles trabajan muy a menudo en el mercado oculto.	= el mercado negro
el vendedor/ la vendedora ambulante	*Straßenverkäufer*in*	El vendedor ambulante suele ofrecer productos como relojes, pendientes o cinturones.	
el tráfico de drogas	*Drogenhandel*	El tráfico de drogas es otra fuente de ingresos.	
el prostíbulo	*Bordell*	Las mujeres indocumentadas terminan a veces trabajando en los prostíbulos.	= el burdel
aspirar a	*erreichen wollen*	Los inmigrantes africanos aspiran al bienestar y a la felicidad.	= desear, lograr
segregado/-a	*ausgegrenzt*	La sociedad les hace sentir segregados.	≠ aceptado/-a, integrado/-a
amenazar la identidad nacional	*die nationale Identität bedrohen*	Desafortunadamente hay gente que cree que los inmigrantes amenazan la identidad nacional.	
la integración exitosa	*erfolgreiche Integration*	El gobierno ha tomado la iniciativa para una integración exitosa.	= la incorporación
las sociedades paralelas	*Parallelgesellschaften*	Hay que evitar que los islamistas radicales construyan sociedades paralelas.	
la intolerancia	*Intoleranz*	Con los flujos migratorios van creciendo el miedo y la intolerancia.	≠ la tolerancia, la solidaridad
los actos xenófobos	*fremdenfeindliche Handlungen*	Los actos xenófobos pueden ser ocultos.	

término español	dt. Bedeutung	definición / contexto	sin. / ant.
el racismo encubierto	*verdeckter Rassismus*	Otro fenómeno llamativo es el racismo encubierto que se puede mostrar p. ej. en el mundo laboral.	= la discriminación/marginación oculta
la convivencia justa y mutuamente fructífera	*gerechtes und beiderseits nützliches Zusammenleben*	Es imprescindible que luchemos por la convivencia justa y mutuamente fructífera con nuestro comportamiento cotidiano.	
el proceso integrador	*Integrationsprozess*	No ha terminado aún el proceso integrador.	
empadronarse	*sich anmelden (im Einwohnermeldeamt)*	Después de la legalización de los indocumentados, muchos de ellos suelen empadronarse.	= darse de alta
facilitar la adaptación	*die Integration erleichtern*	Es tarea de todos nosotros ayudar a los extranjeros y facilitar la adaptación.	
estar arraigado/-a	*verwurzelt sein*	Por falta de aceptación, pocos inmigrantes son realmente arraigados.	≠ estar desarraigado/-a, no echar raíces

5 La España bilingüe

término español	dt. Bedeutung	definición / contexto	sin. / ant.
el idioma	*Sprache*	El idioma común de los españoles es el castellano.	= la lengua, el habla
el castellano	*kastilisches Spanisch*	El castellano evolucionó del latín en la Península Ibérica.	= el español
las lenguas románicas	*romanische Sprachen*	Las lenguas románicas derivan del latín.	
la tercera lengua más hablada	*die am dritthäufigsten gesprochene Sprache*	La tercera lengua más hablada en el mundo es el español.	
el lenguaje	*Sprache*	Hay expresiones que se usan solamente en el lenguaje coloquial.	
el bilingüismo	*Zweisprachigkeit*	El fomento del bilingüismo está cimentado en la Constitución española.	≠ el monolingüismo
bilingüe	*zweisprachig*	Leila es bilingüe porque ha crecido con una madre libia y un padre español.	≠ monolingüe
el catalán	*Katalanisch*	El catalán se habla en Cataluña, la Comunidad Valenciana, las Baleares y Andorra.	
el gallego	*Galicisch*	El gallego y el portugués tienen muchos elementos gramaticales en común.	
el euskera	*Baskisch*	La única lengua de la Península Ibérica que no procede del latín es el euskera.	= el vasco, el vascuence
la comunidad nacional	*die nationale Gemeinschaft*	La comunidad nacional acepta la diversidad de sus habitantes.	≠ la comunidad internacional

término español	dt. Bedeutung	definición / contexto	sin. / ant.
la lengua oficial	*Amtssprache*	El catalán y el castellano son las dos lenguas oficiales de la administración y la enseñanza en Cataluña.	= el idioma oficial
la plurinacionalidad	*Mehrfachnationalität*	La pertenencia a varias nacionalidades se califica de plurinacionalidad.	
el nacionalismo	*Nationalismus*	El nacionalismo en el País Vasco está representado por dos partidos políticos.	
el patriotismo	*Patriotismus*	El amor por la patria se llama patriotismo.	
el/la hispanohablante	*Spanischsprecher*in*	Según el Instituto Cervantes, un 8% de la población mundial es hispanohablante.	
el/la castellanohablante	*Spanischsprecher*in*	La expresión «castellanohablante» se refiere a los hablantes cuya lengua materna es el castellano.	
difundirse	*sich verbreiten*	El español se difundió en Latinoamérica con la conquista.	= expandirse
fomentar el uso	*den Gebrauch fördern*	La Xunta de Galicia fomenta el uso del gallego en la Comunidad Autónoma.	= promover (o>ue) el uso
la diversidad cultural	*kulturelle Vielfalt*	La diversidad cultural mantiene una sociedad viva.	
la bandera	*Flagge, Fahne*	La bandera española es un símbolo de unidad para los españoles.	
la lengua como símbolo de identidad nacional	*die Sprache als Symbol der nationalen Identität*	Muchos hispanohablantes consideran la lengua como símbolo de identidad nacional.	

término español	dt. Bedeutung	definición / contexto	sin. / ant.
hablar y escribir con fluidez	*flüssig sprechen und schreiben*	Carme domina el catalán y el español perfectamente: habla y escribe con fluidez ambos idiomas.	
la competencia oral y escrita	*mündliches und schriftliches Ausdrucksvermögen*	El dominio lingüístico se muestra en la competencia oral y escrita.	
la situación informal	*informelle Situation*	El lenguaje coloquial se usa solamente en situaciones informales.	≠ la situación formal
la ley lingüística	*Sprachengesetz*	Aprender y utilizar el catalán se prevé en la ley lingüística.	
la normalización lingüística	*der Gebrauch der regionalen Sprache in allen Lebensbereichen*	La meta central de la Generalitat es la normalización lingüística.	
el extranjerismo	*Fremdwort*	Los nuevos extranjerismos suelen proceder del inglés.	
el anglicismo	*Anglizismus, englisches Lehnwort*	Los anglicismos dominan cada vez más en los idiomas europeos.	
coexistir	*nebeneinander existieren*	Queremos que coexistan de manera fructífera el gallego y el español.	
reclamar	*einfordern*	Reclamamos el derecho a expresarnos en el idioma preferido.	= pedir (e > i), reivindicar
la actitud lingüística	*Sprachverhalten*	La actitud lingüística influye en la aceptación de una lengua minoritaria.	
la destreza lingüística	*Sprachgewandtheit, Sprachfertigkeit*	La destreza lingüística del hablante bilingüe impresionó a la ministra.	

término español	dt. Bedeutung	definición / contexto	sin. / ant.
prohibir	*verbieten*	No es posible prohibir el uso de nuestra lengua materna.	≠ permitir
proteger	*schützen*	La ley lingüística protege las lenguas minoritarias.	= amparar, defender
la represión de las lenguas regionales	*Unterdrückung der regionalen Sprachen*	En la dictadura franquista predominó la represión de las lenguas regionales.	
tolerante	*tolerant*	Todos nosotros deberíamos mostrarnos más tolerantes respecto al bilingüismo.	≠ intolerante
identificador/-a	*identitätsstiftend*	Tanto el español como el euskera pueden representar un idioma identificador.	
valorar	*schätzen*	Hay que valorar la plurinacionalidad.	= apreciar
el debate público	*öffentliche Debatte*	En el debate público se discute la necesidad de que haya normas para el bilingüismo.	

La cultura

1 La literatura

término español	dt. Bedeutung	definición / contexto	sin. / ant.
el movimiento literario	*literarische Bewegung*	El movimiento literario «la generación del 98» reflexionó la pérdida de las últimas colonias españolas.	
el género literario	*literarische Gattung*	Ejemplos de géneros literarios serían la novela, el poema y el cuento.	
el escritor/ la escritora	*Schriftsteller*in*	El escritor publicó su tercera novela relacionada con la historia de México.	
transmitir oralmente	*mündlich weitergeben*	En tiempos lejanos los cuentos se transmitían oralmente.	
el/la representante notable	*erwähnenswerter Vertreter/erwähnenswerte Vertreterin*	Un representante notable del realismo mágico es Gabriel García Márquez.	
conceder el Premio Nobel	*den Nobelpreis verleihen*	A Gabriel García Márquez le concedieron el Premio Nobel de Literatura.	= conferir (e>ie)/otorgar el Premio Nobel
la obra literaria	*literarisches Werk*	La obra literaria más conocida de García Márquez lleva el título «Cien años de soledad».	
la obra maestra	*Meisterwerk*	Es simplemente la obra maestra del escritor.	
la novela	*Roman*	El trasfondo biográfico desarrolla un papel importante en esta novela.	

término español	dt. Bedeutung	definición / contexto	sin. / ant.
ficticio/-a	*fiktiv*	Cuando el autor inventa una novela el contenido es ficticio.	= imaginario/-a
el/la novelista	*Romanschriftsteller*in*	El novelista nos confronta con las emociones de Ángel.	= el autor/ la autora de novelas
la novela corta	*Kurzroman*	Esta novela corta está llena de humor.	
la novela autobiográfica	*autobiografischer Roman*	En su novela autobiográfica describe su niñez en la dictadura.	
la novela de caballería	*Ritterroman*	La obra «Don Quijote de la Mancha» juega con las características de una novela de caballería.	
la novela picaresca	*Schelmenroman*	El pícaro suele ser el héroe de la novela picaresca.	
la novela comprometida	*engagierter Roman*	La novela comprometida muestra las necesidades políticas y sociales.	
el cuento	*Erzählung, Märchen*	«Érase una vez» representa el comienzo tradicional de un cuento.	
el relato	*Erzählung*	El relato «Inspección de guardia» tiene lugar en una comisaría madrileña.	
el ensayo	*Essay*	El ensayo fue publicado en 2019 y trata de los géneros literarios.	
el cómic	*Comic*	Hace poco que el cómic se ha establecido como género literario serio.	= la historieta
la viñeta	*Comicbild*	El dibujante utilizó cinco viñetas para narrar el conflicto.	= el dibujo, la ilustración

término español	dt. Bedeutung	definición / contexto	sin. / ant.
el globo	*Sprechblase*	El globo muestra lo que dicen las figuras en aquel momento.	= el bocadillo
la poesía	*Poesie, Dichtkunst*	A veces resulta más fácil expresar sus sentimientos con la poesía.	
el poema	*Gedicht*	El poema trata de la soledad y la nostalgia.	
el poeta/ la poetisa	*Dichter*in*	La intención de la poetisa se resume en la cuarta estrofa.	= el lírico/ la lírica
el soneto	*Sonett*	Un soneto consta de dos cuartetos y dos tercetos.	
el romance	*Romanze (spanische Gedichtform)*	Un tipo de poema narrativo se llama romance.	
la estrofa	*Strophe*	Repite el tema de la primera estrofa al final del poema.	
rimar con	*(sich) reimen auf*	En muchos poemas modernos los versos no riman.	
el verso libre	*freier Vers*	El poema está escrito en verso libre.	
el orden	*Reimschema*	Notamos el orden ABAB en el poema.	
los recursos estilísticos	*Stilmittel, rhetorische Mittel*	Es imprescindible buscar e interpretar los recursos estilísticos porque forman parte de la estructura del texto.	
la aliteración	*Alliteration*	La aliteración consiste en la repetición de consonantes en un pasaje.	

término español	dt. Bedeutung	definición / contexto	sin. / ant.
la elipsis	*Ellipse, literarische Auslassung*	Un salto en el tiempo que no forma parte de la narración es una elipsis.	
la hipérbole	*Hyperbel*	La hipérbole consiste en exagerar con el motivo de hacer aceptar lo increíble.	= la exageración
la acumulación	*Anhäufung*	La abundancia de ciertos elementos se llama acumulación.	
la metáfora	*Metapher*	Para la metáfora se sustituye una palabra por otra con la que tiene algo en común.	
la personificación	*Personifizierung*	La personificación es una figura retórica en la que se dan calidades humanas a cosas inanimadas.	
la onomatopeya	*Onomatopöie, Lautmalerei*	Cuando una palabra tiene el sonido del significado se habla de una onomatopeya.	
la alusión	*Anspielung*	La alusión consiste en citar o mencionar las cualidades de un objeto o una persona.	= la referencia
la pregunta retórica	*rhetorische Frage*	Si haces una pregunta sabiendo la respuesta es una pregunta retórica.	
hablar en primera persona	*in der ersten Person sprechen*	El narrador habla en primera persona.	
el yo lírico	*lyrisches Ich*	El yo lírico hace hincapié en sus emociones.	
el/la protagonista	*Hauptperson, Protagonist*in*	El protagonista es el personaje principal de la obra.	≠ el personaje secundario

término español	dt. Bedeutung	definición / contexto	sin. / ant.
el narrador/ la narradora en primera persona	*Ich-Erzähler*in*	El yo narrador comienza con un acontecimiento importante de su infancia.	= el yo narrador/la yo narradora
el narrador/ la narradora personal	*personaler Erzähler/personale Erzählerin*	El narrador personal ocupa la perspectiva de una sola persona.	
el narrador/ la narradora omnisciente	*allwissender Erzähler/allwissende Erzählerin*	El narrador omnisciente cuenta desde varios puntos de vista.	
contar (o>ue) desde perspectivas diferentes	*aus verschiedenen Perspektiven erzählen*	En este capítulo el narrador cuenta los sucesos desde perspectivas diferentes.	
adoptar el punto de vista de un personaje	*den Blickwinkel einer Figur einnehmen*	El narrador cuenta la misma historia tres veces, cada vez adoptando el punto de vista de otro personaje.	
el monólogo interior	*innerer Monolog*	El protagonista sostiene un monólogo interior.	= el estilo indirecto libre
los elementos formales	*formale Aspekte*	Si nos centramos en los elementos formales, destaca la composición del poema.	
constar de … párrafos	*aus … Abschnitten bestehen*	El artículo mencionado consta de 4 párrafos.	= estar compuesto/-a de
la historia entrelazada	*aus verschiedenen Erzählsträngen bestehende Geschichte*	La obra no se cuenta desde el principio hasta el final, sino que es una historia entrelazada.	
presentar el tiempo de forma lineal	*die zeitliche Abfolge linear erzählen*	La autora no salta en el tiempo, presenta el tiempo de forma lineal.	= contar (o>ue) cronológicamente

término español	dt. Bedeutung	definición / contexto	sin. / ant.
intercalar retrospectivas	*Rückschauen einflechten*	El autor es libre de intercalar retrospectivas de corta o larga duración.	
anticipar un acontecimiento	*ein Ereignis vorwegnehmen*	Al mencionar la muerte de Ana, anticipa un acontecimiento que se describe al final de la novela.	
la dinámica de la obra	*Dynamik des Werkes*	La dinámica de la obra está en el cambio de tiempo.	≠ la estática de la obra
el prólogo	*Prolog, Einführung*	El prólogo es la introducción a la obra.	≠ el epílogo
comenzar (e>ie) **en *medias res***	*in* medias res *beginnen*	Esta obra comienza en *medias res*, no hay exposición.	
el contenido	*Inhalt*	Hace falta analizar el contenido detalladamente.	
indicar el tema	*das Thema benennen*	En la frase introductoria del resumen se indica el tema del texto.	
extraer el mensaje central	*die Hauptaussage herausarbeiten*	Quisiera empezar el análisis extrayendo el mensaje central del texto.	= elaborar el significado
transmitir un mensaje	*eine Intention/ Absicht vermitteln*	El autor transmite un mensaje claramente político.	
el enunciado general del texto	*allgemeine Textaussage*	Luchar contra las condiciones injustas de los indios define el enunciado general del texto.	
la frase clave	*Schlüsselsatz*	La intención de la obra se encuentra en la frase clave.	
explicar las citas centrales del texto	*die wesentlichen Zitate erläutern*	Después de haber resumido el contenido, voy a explicar las citas centrales del texto.	

término español	dt. Bedeutung	definición / contexto	sin. / ant.
destacar	*hervorheben, betonen*	La autora destaca los aspectos negativos del protagonista.	= subrayar, resaltar, hacer énfasis/hincapié en
dirigirse a los lectores	*sich an die Leser*innen wenden*	En la segunda parte del comentario, el columnista se dirige a los lectores.	
convencer a los lectores	*die Leser*innen überzeugen*	El autor intenta constantemente convencer a los lectores.	
despertar (e > ie) **curiosidad**	*Neugier wecken*	Con su manera de contar despierta curiosidad.	
producir (c > zc) **efecto en**	*wirken auf*	La manera de describir los sucesos produce efecto en los lectores.	
insinuar	*andeuten*	¿Qué estás insinuando?	= decir (e > i) de manera indirecta
según el autor	*nach Sicht des Autors*	Según el autor deberíamos vivir más el presente.	= desde el punto de vista del autor
recurrir a un acontecimiento histórico	*sich auf ein historisches Ereignis beziehen*	Esquivel recurre a un acontecimiento histórico al mencionar la revolución mexicana.	= referirse (e > ie) a un suceso histórico
alegar con argumentos sólidos	*mit stichhaltigen Argumenten untermauern*	Convence al lector alegando su tesis con argumentos sólidos.	
reflejar las diferencias y semejanzas	*Gemeinsamkeiten und Unterschiede abwägen*	Si comparamos los caracteres de Juan y Pablo, tenemos que reflejar sus diferencias y semejanzas.	
tener (e > ie) **rasgos de**	*Züge/Spuren haben von*	El diálogo tiene rasgos de una entrevista.	= tener (e > ie) características de

término español	dt. Bedeutung	definición / contexto	sin. / ant.
el carácter complejo	*komplexe Figur, komplexer Charakter*	El carácter complejo de la protagonista nos conduce directamente al conflicto central.	≠ el carácter superficial
la mezcla de realidad y ficción	*Vermischung von Wirklichkeit und Fiktion*	La mezcla de realidad y ficción es una característica del realismo mágico.	
sobrenatural	*übernatürlich*	El protagonista vive situaciones sobrenaturales.	
el mundo irreal	*irreale Welt*	El autor construye un mundo irreal en el que se han disuelto las relaciones familiares.	
verosímil	*glaubwürdig, glaubhaft*	La actitud de Bernarda resulta verosímil.	= creíble
el punto culminante	*Höhepunkt*	El conflicto entre los personajes principales lleva al punto culminante en la página 125.	= el clímax
el final abierto	*offenes Ende*	El cuento termina con un final abierto.	
el desenlace inesperado	*unerwartete Auflösung*	El desenlace inesperado sorprende al lector.	
el nivel de lenguaje	*Sprachniveau*	El nivel de lenguaje puede ser sencillo, elevado o específico.	
el campo semántico	*semantisches Feld*	El campo semántico pueden ser los temas o significados de una obra literaria.	
la lectura global	*globales Lesen*	La lectura global ayuda a encontrar las características del texto.	≠ la lectura selectiva

2 El cine y el teatro

término español	dt. Bedeutung	definición / contexto	sin. / ant.
la venta anticipada	*Vorverkauf*	Antes del espectáculo se inicia la venta anticipada.	≠ la venta en taquilla
el estreno	*Premiere*	El estreno fue espectacular, aplaudimos sin parar.	
el homenaje	*Hommage, Huldigung*	En el homenaje a Salvador Dalí apareció la actriz en un traje de noche muy cursi.	
la ovación	*stürmischer Beifall, Ovation*	Después de la representación, el público respondió con una ovación.	
abuchear	*ausbuhen*	La película resultó tan aburrida que el público la abucheó.	≠ aplaudir, palmear
tener (e > ie) **buena acogida**	*erfolgreich sein*	La película fue un éxito, tuvo buena acogida.	≠ fracasar
el éxito taquillero	*Kassenschlager*	Las películas de Almodóvar siempre se convierten en un éxito taquillero.	
galardonar a alguien	*jdn. auszeichnen*	Galardonaron a Penélope Cruz con un Óscar.	= conceder un premio a alguien
el largometraje	*Spielfilm*	Los largometrajes con mayor éxito suelen ser las películas románticas y las de acción.	≠ el cortometraje
el documental	*Dokumentarfilm*	El documental abrió nuevas perspectivas en cuanto al tema.	
rodar (o > ue) **una película**	*einen Film drehen*	A veces pasan años hasta que se puede empezar a rodar una película.	= realizar una película

término español	dt. Bedeutung	definición / contexto	sin. / ant.
la película de amor	*Liebesfilm*	Amar y sufrir penas de amor se tematiza en las películas de amor.	= la película romántica
la película de horror	*Horrorfilm*	La película de horror tiene unos efectos especiales con los que realmente te quedas asustado.	
la película del oeste	*Western*	John Wayne es el típico representante de las películas del oeste.	
la película de ciencia ficción	*Science-Fiction-Film*	La película «E. T.» es un clásico entre las películas de ciencia ficción.	
los dibujos animados	*Zeichentrickfilm, Animationsfilm*	A los niños y también a muchos adultos les gustan los dibujos animados.	
doblar una película	*einen Film synchronisieren*	Para doblar una película, hay que traducir y adaptar los diálogos de la versión original.	
la versión subtitulada	*Originalversion mit Untertiteln*	Cuando vemos el original y leemos los diálogos en nuestro idioma, estamos con la versión subtitulada.	≠ la versión original
la escena	*Szene*	La primera parte de la película consta ya de muchas escenas.	
enfocar	*fokussieren*	La cámara enfocó la cara de Tita.	
la acotación	*Regieanweisung*	Las acotaciones ayudan a interpretar el papel.	
el guion	*Drehbuch*	Los diálogos y las acotaciones se encuentran en el guion.	

término español	dt. Bedeutung	definición / contexto	sin. / ant.
el actor/ la actriz	*Schauspieler*in*	Javier Bardem ganó el Óscar por el mejor actor.	
interpretar un papel	*eine Rolle spielen*	El actor interpreta el papel a su manera.	
el director/ la directora (de cine)	*Regisseur*in*	El hombre o la mujer que dirige una película se llama director o directora.	= el realizador/la realizadora
el operador/ la operadora	*Kameramann/ Kamerafrau*	El operador grabó la secuencia once veces.	
el ingeniero/ la ingeniera de sonido	*Toningenieur*in*	El responsable de los efectos acústicos se llama ingeniero de sonido.	
el montaje	*Montage*	El montaje prevé la organización de la película.	
los recursos cinematográficos	*filmische Mittel*	Viendo y analizando una película es imprescindible centrarse en los recursos cinematográficos.	= los recursos fílmicos
la cámara	*Kamera*	La gente suele cambiar su actitud delante de la cámara.	
el plano de cámara	*Kameraeinstellung*	El plano de cámara dirige la perspectiva del espectador.	= el enfoque de cámara
el (gran) plano general	*Totale*	En el gran plano general los espectadores ven lo máximo posible.	= el plano general largo
el primer plano	*Großaufnahme*	El primer plano muestra p. ej. el personaje y su entorno.	
el plano medio	*Nahaufnahme*	El plano medio nos muestra solo una parte del personaje y su entorno.	

término español	dt. Bedeutung	definición / contexto	sin. / ant.
el plano americano	*amerikanische Einstellung*	El plano americano enfoca la parte superior del cuerpo humano.	= el plano de tres cuartos
el plano general corto	*Halbtotale*	El plano general corto suele enseñar la cara.	
el plano de detalle	*Detailaufnahme*	El plano de detalle puede enfocar hasta los ojos exclusivamente.	
el retroceso	*Rückblende*	Se aclaró su trauma infantil con la ayuda de un retroceso.	= la regresión, el flashback (ingl.)
el salto hacia adelante	*Vorausschau*	Ya desde el principio los espectadores se enteran de la muerte del protagonista mediante el salto hacia adelante.	= el flashforward (ingl.)
la sesión de cine	*Kinovorführung*	Los protagonistas se presentaron al público después de la sesión de cine.	
convertirse en un clásico	*zum Klassiker werden*	«Casablanca» se ha convertido en un clásico.	
el efecto sonoro	*Soundeffekt*	El empleo de música y sonidos reforzados suelen ser efectos sonoros.	
la banda sonora	*Filmmusik, Soundtrack*	Si la música convence a los espectadores, la banda sonora se vende con éxito.	
el efecto especial	*Spezialeffekt*	La cinematografía lenta es uno de los primeros efectos especiales.	
los gestos	*Gesten*	Los gestos y la mímica ayudan a interpretar los sentimientos de un personaje.	

término español	dt. Bedeutung	definición / contexto	sin. / ant.
la iluminación	*Beleuchtung*	La iluminación dirige la mirada de los espectadores.	
la decoración	*Bühnenausstattung, Dekoration*	La decoración alude a los años 20 y añade elementos modernos.	
la relación entre los personajes principales	*Beziehung zwischen den Hauptpersonen*	La relación entre los personajes principales está dominada por el odio y los celos.	
el recorte	*Schnitt*	El recorte marca p. ej. un cambio de escena.	
representar una obra de teatro	*ein Theaterstück aufführen*	Resulta más difícil representar una obra de teatro que rodar una película y grabar las escenas varias veces.	
la tensión dramática	*dramatische Spannung*	La tensión dramática culmina con el asesinato de Manolo.	
el aficionado/ la aficionada al teatro	*Theaterliebhaber*in*	Una persona a la que le encanta ir al teatro se llama aficionado al teatro.	
el drama	*Drama*	García Lorca escribió el drama «La casa de Bernarda Alba».	= la obra teatral
el teatro épico	*episches Theater*	Brecht es el representante más famoso del teatro épico.	
la vestimenta	*Kostüme*	Teresa se ocupó de la vestimenta cosiendo los trajes medievales.	
el escenario	*Bühne*	El escenario era simple y purista.	

término español	dt. Bedeutung	definición / contexto	sin. / ant.
la comedia	*Komödie*	Una comedia es una película ligera con temas de amor, familia o amistad.	≠ la tragedia
la tragicomedia	*Tragikomödie*	La tragicomedia une elementos de la tragedia y la comedia.	
la comedia de capa y espada	*Mantel-und-Degen-Komödie*	Las cuestiones de honor y honra se encuentran en las comedias de capa y espada.	
el musical	*Musical*	El musical mezcla características de la ópera y el baile con efectos cinematográficos.	
el auto sacramental	*Fronleichnamsspiel*	El auto sacramental trataba de temas bíblicos y se representaba el día de Corpus Christi.	
el acto	*Akt*	En el segundo acto el antagonista muere.	
la trama	*Handlung*	En la novela vemos dos tramas paralelas.	= el argumento
el lugar de acción	*Handlungsort*	En esta comedia Madrid representa el lugar de acción.	
la escenificación	*Inszenierung*	En la prensa se discutió la escenificación de «La vida es sueño».	
atraer al público	*das Publikum anziehen*	Una película de amor con actores atractivos atrae al público.	
el espectador/ la espectadora	*Zuschauer*in*	Los espectadores aplaudieron con entusiasmo a los bailarines.	

3 La música

término español	dt. Bedeutung	definición / contexto	sin. / ant.
el compositor/ la compositora de música	*Komponist*in*	El compositor inventa la melodía y la letra de una canción.	
componer	*komponieren*	Componer canciones se convirtió en su pasión.	= escribir (una canción)
la pieza de música	*Musikstück*	La ópera, la sonata y la zarzuela son piezas de música.	= la obra musical
la estrofa	*Strophe*	En la primera estrofa el compositor critica la sociedad consumista.	= la copla
el estribillo	*Refrain*	El estribillo es la parte repetitiva de una canción.	
el verso	*Vers, Liedzeile*	Esta canción consta de cuatro estrofas con seis versos cada una.	
el ritmo	*Rhythmus*	El ritmo suele ser lento o rápido.	
el compás	*Takt*	El vals tiene un compás de tres por cuatro.	
la letra	*Liedtext*	La letra de esta canción es muy poética.	
instrumental	*instrumental*	Una canción instrumental es una canción sin la voz de un cantante.	
el estilo de música	*Musikstil*	El rock y el pop son estilos de música.	= el género musical
la música clásica	*klassische Musik*	Hasta hoy en día, disfrutamos de la música clásica del siglo XVIII.	

término español	dt. Bedeutung	definición / contexto	sin. / ant.
la música sacra	*Kirchenmusik*	La música sacra está dedicada a la glorificación de Dios y otros temas religiosos.	
la música folklórica	*Volksmusik*	La música tradicional de una región o de un país se llama música folklórica.	= la música popular
la canción pegadiza	*„Ohrwurm"*	Por su melodía y letra simple esta canción es realmente pegadiza.	
la nota musical	*Musiknote*	Las notas musicales ayudan a «leer» la música.	
hacer música	*Musik spielen/ machen*	Nos encanta hacer música juntos.	
interpretar una composición	*ein musikalisches Werk interpretieren*	El músico interpreta una composición según su visión musical.	
el director/ la directora	*Dirigent*in*	La directora de la orquestra de Tenerife dirigió la 9ª de Beethoven.	
la partitura	*Partitur*	El director controla instrumentos y voces con la ayuda de la partitura.	
la clave	*Notenschlüssel*	Hay claves diferentes para los distintos tipos de instrumentos.	
el grupo musical	*Musikgruppe*	El grupo musical tocó en directo.	= la banda ≠ el/la solista
el/la cantante	*Sänger*in*	Shakira es la cantante más popular de Colombia.	= el/la vocalista, el/la intérprete
el músico/ la música ambulante	*Straßenmusikant*in*	El músico ambulante depende de la benevolencia de los transeúntes.	

término español	dt. Bedeutung	definición / contexto	sin. / ant.
el aficionado/ la aficionada a la música	*Musiklieb-haber*in*	En el aula quedaron los aficionados de Bach.	
el concierto	*Konzert*	Fui al auditorio para escuchar el «Concierto de Aranjuez».	
la sinfonía	*Sinfonie*	Es la sinfonía más conocida del compositor.	
la ópera	*Oper*	La ópera más famosa con un tema español es «Carmen» de George Bizet.	
la zarzuela	*volkstümliches spanisches Sing-spiel*	España cuenta con una obra musical única: la zarzuela.	
el tenor	*Tenor*	El tenor y el bajo son voces masculinas.	
el soprano	*Sopran*	El soprano y el alto son voces femeninas.	
el coro	*Chor*	El tema central fue repe-tido por el coro.	
el instrumento de cuerda	*Saiteninstrument*	El violín pertenece a los instrumentos de cuerda.	
el instrumento de percusión	*Schlaginstrument*	Un instrumento de percu-sión es p. ej. el tamborín o la batería.	
el instrumento de viento	*Blasinstrument*	La flauta dominó entre los instrumentos de viento.	
tocar la guitarra	*Gitarre spielen*	Cuando era pequeño, soñaba con ser una estrella tocando la guitarra.	
tocar el piano	*Klavier spielen*	Si dos personas tocan el mismo piano, tocan a cuatro manos.	

término español	dt. Bedeutung	definición / contexto	sin. / ant.
el bajo	*Bass*	El bajo electrónico no consigue reflejar el sonido del original.	
la batería	*Schlagzeug*	La batería marca el ritmo.	
servir (e>i) **de fondo**	*untermalen, als Hintergrund dienen*	La música que sirve de fondo intensifica las emociones.	
provocar una emoción	*ein Gefühl erwecken*	La melodía sentimental provoca una emoción romántica.	= producir (c>zc) una sensación
evocar	*hervorrufen*	¿Qué evoca la melodía?	
acompañar	*begleiten*	La voz del cantante solo fue acompañada por un violín.	
percibir la atmósfera	*die Atmosphäre/ Stimmung wahrnehmen*	Gracias a la buena acústica pudimos percibir la atmósfera intensamente.	
el disco compacto	*CD*	El disco compacto casi ha desaparecido a favor de los formatos digitales.	= el compact/ el CD
grabar un disco	*ein Album aufnehmen*	Juanes está en Madrid para grabar su nuevo disco.	
el sonido	*Klang*	El sonido de un instrumento puede variar mucho.	
la estrella de pop	*Popstar*	A cada vez más jóvenes les parece atractivo ser una estrella de pop.	
tener (e>ie) **mucho éxito**	*sehr erfolgreich sein*	Pero solo una minoría tiene mucho éxito.	= ser reconocido/-a ≠ fracasar
el bailarín/ la bailarina	*Tänzer*in*	El bailarín dominaba el flamenco perfectamente.	

4 Las bellas artes

término español	dt. Bedeutung	definición / contexto	sin. / ant.
el arte	*Kunst*	Según algunos artistas, todo es arte.	
el/la artista	*Künstler*in*	El artista juega con las costumbres visuales del espectador.	
la obra artística	*Kunstwerk*	La obra artística causó muchas discusiones y controversias.	= la obra de arte
las artes plásticas	*die bildenden Künste*	Las artes plásticas reflejan la realidad y lo fantástico.	
las artes gráficas	*Buchdruckkunst*	Las artes gráficas se desarrollaron en los monasterios medievales.	
el arte figurativo	*bildliche Kunst*	El arte figurativo muestra los objetos y las personas tal como son.	≠ el arte abstracto
la pintura	*Malerei*	Esta pintura contiene varios estilos.	
el pintor/ la pintora	*Maler*in*	La pintora se especializó como pintora paisajista.	
pintar para la corte y la nobleza	*für Hof und Adel malen*	Velázquez fue un artista que pintó para la corte y la nobleza.	
la sala de exposiciones	*Kunst- und Ausstellungshalle*	Inauguró la presentación en la sala de exposiciones.	
dar un discurso de inauguración	*eine Eröffnungsrede halten*	El alcalde dio un discurso de inauguración para introducir al nuevo artista.	
el cuadro	*Gemälde*	El cuadro «Guernica» se encuentra en el Centro de Arte Reina Sofía.	= la pintura

término español	dt. Bedeutung	definición / contexto	sin. / ant.
el marco	*Rahmen*	El marco decora el cuadro.	
el dibujo	*Zeichnung*	Primero empezó con el dibujo, luego completó el cuadro.	
la caricatura	*Karikatur*	Con esta caricatura, el dibujante se burló de la decisión del presidente.	
la fotografía	*Fotografie*	En la fotografía se aprecia el momento inmediato.	
el retrato	*Porträt*	El retrato de Carlos I fue realizado por Durero.	
el autorretrato	*Selbstbildnis, Selbstporträt*	En este autorretrato Frida Kahlo muestra su vulnerabilidad.	
el/la representante	*Repräsentant*in, Vertreter*in*	Diego Rivera es un representante del muralismo.	
el pincel	*Pinsel*	Las gruesas líneas del pincel subrayan la atmósfera dinámica del cuadro.	
los colores primarios	*Grundfarben*	Con una mezcla especial de colores primarios se crean colores calientes o fríos.	≠ los colores secundarios
la gama de colores	*Farbskala, Farbpalette*	Se aprovecha toda la gama de colores para expresar las emociones contrarias.	
los colores vivos	*lebendige Farben*	Es un pintor famoso por sus colores vivos.	≠ los colores oscuros
la paleta	*Palette, Farbenbrett*	El instrumento más importante para un pintor es la paleta.	
el lienzo	*Leinwand*	Puedes pintar sobre lienzo, papel, piedra, etc.	

término español	dt. Bedeutung	definición / contexto	sin. / ant.
el caballete	*Staffelei*	El lienzo se encuentra en el caballete.	
la pintura al óleo	*Ölmalerei*	Me convence la pintura al óleo por sus colores intensos.	
la pintura a la acuarela	*Aquarellmalerei*	Te recomiendo pintar el paisaje con pintura a la acuarela.	
la pintura al fresco	*Freskomalerei*	La pintura al fresco se hizo famosa en la Italia renacentista.	
la naturaleza muerta	*Stillleben*	La naturaleza muerta convenció por su manera realista de pintar.	= el bodegón
el estilo artístico	*Kunststil*	El cubismo y el muralismo son estilos artísticos.	
la corriente artística	*künstlerische Strömung*	El costumbrismo se formó como corriente artística.	
románico/-a	*romanisch*	En la iglesia románica encontramos arcos redondos y hay menos luz que en las iglesias góticas.	
gótico/-a	*gotisch*	La catedral de Colonia representa el estilo gótico.	
renacentista	*im Renaissancestil*	La obra de Leonardo da Vinci es típicamente renacentista.	
barroco/-a	*barock, im Barockstil*	Esta catedral une los elementos del estilo renacentista y barroco.	
vanguardista	*avantgardistisch*	Barcelona se convirtió en el centro vanguardista de España.	

término español	dt. Bedeutung	definición / contexto	sin. / ant.
surrealista	*surrealistisch*	Ir más allá de lo visual y real es una característica surrealista.	
cubista	*kubistisch*	El arte cubista juega con las formas geométricas.	
el muralismo	*Muralismus (politische Wandmalerei)*	El muralismo es un estilo artístico revolucionario que quiere mostrar las injusticias sociales y reivindicar cambios políticos.	
la pintura contemporánea	*zeitgenössische Malerei*	La pintura contemporánea está influida por diversas corrientes artísticas.	
la pintura rupestre	*Höhlenmalerei*	La pintura rupestre es el primer testigo artístico del ser humano.	
castizo/-a	*volkstümlich*	Este cuadro tiene un tema campesino y así produce un efecto castizo.	
descifrar un cuadro	*ein Bild entschlüsseln*	El vocabulario temático ayuda a descifrar un cuadro.	= descodificar un cuadro
clasificar un cuadro	*ein Bild einordnen*	Podemos clasificar el cuadro como perteneciente a los comienzos del siglo XX.	
expresar espontáneamente	*spontan ausdrücken*	Cuando veo una pintura, necesito expresar espontáneamente mis primeras impresiones.	
asociar con	*verbinden mit*	Asocia el tema de la naturaleza con lo místico.	= juntar, unir

término español	dt. Bedeutung	definición / contexto	sin. / ant.
la mirada del espectador/ de la especta-dora	*der Blick des Betrachters/der Betrachterin*	El cuadro dirige la mirada del espectador al suceso central: la muerte de Cristo.	
el valor simbó-lico de los colores	*der symbolische Gehalt der Far-ben*	Al analizar este cuadro, deberíamos centrarnos en el valor simbólico de los colores.	
transmitir sentimientos	*Gefühle vermit-teln*	Con esta manera de pintar el artista transmite senti-mientos románticos.	
el personaje	*Figur, Person*	En el cuadro destaca el personaje de la guerrera.	= la figura
la figura principal	*Hauptperson*	La figura principal es el artista mismo.	
el juego de luz y sombra	*das Spiel mit Licht und Schat-ten*	El juego de luz y sombra llama la atención.	
la penumbra	*Halbschatten*	Dos de los personajes se encuentran en la penum-bra.	
al lado (de)	*neben*	Al lado de María se encuentra el Niño Jesús.	
a la derecha (de)	*rechts (von)*	A la derecha de Jesús vemos partes de la Catedral de Burgos.	≠ a la izquier-da (de)
en la parte superior (de)	*im oberen Teil (von)*	En la parte superior del cuadro domina el color azul claro.	≠ en la parte inferior (de)
al fondo (de)	*im Hintergrund (von)*	Al fondo las figuras desaparecen.	≠ en el frente (de)
en el centro (de)	*in der Mitte (von)*	El personaje principal destaca en el centro.	= en el medio (de)

término español	dt. Bedeutung	definición / contexto	sin. / ant.
en el primer plano	*im Vordergrund*	El hombre en el primer plano salta a la vista.	≠ en el segundo plano
el elemento dominante	*herausstechendes Objekt*	En esta pintura el toro representa el elemento dominante.	
resaltar a primera vista	*auf den ersten Blick ins Auge springen*	Su aspecto deformado resalta a primera vista.	
simbolizar	*symbolisieren*	La paloma simboliza la paz.	
señalar	*zeigen*	Con esta manera de pintar la artista señala su visión del mundo.	= mostrar/ demostrar (o>ue)
provocar compasión	*Mitleid erwecken*	La mímica de la campesina provoca compasión en el espectador.	
el tapiz	*Wandteppich*	Este tapiz representa escenas de caza.	
la escultura	*Bildhauerei, Skulptur*	La escultura se hace con materiales como la piedra, el yeso y la arcilla.	
la estatua	*Statue*	El escultor produjo la estatua con un modelo vivo.	
la piedra	*Stein*	Este animal está hecho de piedra.	
el yeso	*Gips*	El artista utilizó materiales como el yeso y la arcilla.	
la arcilla	*Tonerde*	Los testimonios antiguos de arte se hacían muchas veces con arcilla.	
el boceto	*Skizze*	Antes de empezar con la estatua, hace un boceto.	= el esbozo

término español	dt. Bedeutung	definición / contexto	sin. / ant.
la arquitectura	*Baukunst, Architektur*	El arte contemporáneo se encuentra también en la arquitectura.	
la fachada	*Fassade*	Las bellas fachadas de las casas coloniales atraen a muchos turistas.	
el modernismo (cat. el modernisme)	*Modernismus (span. Architekturstil, vergleichbar mit dem dt. Jugendstil), auch Modernisme genannt*	Los representantes más importantes del modernismo catalán fueron Antoni Gaudí y Lluís Domènech i Montaner.	
el arquitecto/ la arquitecta de interiores	*Innenarchitekt*in*	El arquitecto de interiores se dedica a la puesta en escena de salas y habitaciones.	
el Patrimonio de la Humanidad	*Weltkulturerbe*	Los monasterios de Suso y Yuso en La Rioja pertenecen al Patrimonio de la Humanidad.	
el patrimonio cultural	*Kulturerbe*	Todos los pueblos deberían cuidar su patrimonio cultural.	

5 Los medios de comunicación

término español	dt. Bedeutung	definición / contexto	sin. / ant.
el ordenador	*Computer*	Hoy en día es imprescindible saber trabajar con un ordenador.	= la computadora (LAm.)
el portátil	*Notebook, Laptop*	Si nos hace falta llevar el ordenador, preferimos un portátil.	
la tableta	*Tablet(-PC)*	Aquí tienes una lista de las mejores tabletas para leer libros.	= el tablet
virtual	*virtuell*	Hay gente que vive una gran parte de su vida en el mundo virtual.	≠ real
el/la internauta	*Internetsurfer*in*	Los usuarios de la red se llaman internautas.	= el usuario/la usuaria
el alias	*Alias, Pseudonym*	Si no quiero que me identifiquen en Internet, uso un alias.	= el (p)seudónimo
la pantalla (plana)	*(Flach-)Bildschirm*	A veces no puedo creer lo que veo en la pantalla.	= el monitor
la pantalla táctil	*Touchscreen*	Dejé caer la tableta y ahora no funciona la pantalla táctil.	
formatear	*formatieren*	El documento es viejo, lo tienes que volver a formatear.	
navegar por Internet	*im Internet surfen*	Navegar por Internet es la actividad favorita de muchos jóvenes.	= navegar por la red/el ciberespacio
el foro de debate	*Forum*	En el foro de debate intercambiamos opiniones de cualquier tipo.	

término español	dt. Bedeutung	definición / contexto	sin. / ant.
el enlace	*Link*	El enlace me enseña más páginas disponibles que me podrían interesar.	
la instrucción	*Befehl*	Como mi ordenador no sabe lo que quiero, le tengo que dar instrucciones.	
el buscador	*Suchmaschine*	Pongo una palabra y el buscador me ayuda a encontrar las informaciones en la red.	= el oteador
la búsqueda	*Suche*	Intenté encontrar mis raíces familiares mediante una búsqueda en la red.	= la busca
el navegador	*Browser*	Con el navegador el usuario puede navegar por la red.	
el ciberespacio	*Cyberspace*	¡No te pierdas en el ciberespacio!	
la página principal	*Startseite*	La primera página con informaciones generales se llama página principal.	
el teclado	*Tastatur*	Sabe manejar el teclado, ni lo mira al escribir.	
pulsar una tecla	*eine Taste drücken*	Algún día ya no será necesario pulsar una tecla, habrá otras formas de meter y trabajar con los datos.	
cargar un documento	*ein Dokument hochladen*	Con tu viejo ordenador tardas horas en cargar un documento.	≠ bajar un documento
guardar	*speichern*	Si necesito volver a leer el documento, lo guardo en mi ordenador.	≠ borrar, eliminar

término español	dt. Bedeutung	definición / contexto	sin. / ant.
abrir un menú	*ein Menü öffnen*	No todos los documentos se ven a primera vista, hay que abrir un menú.	≠ cerrar (e>ie) un menú
recibir un e-mail	*eine E-Mail erhalten*	Puedes recibir un e-mail en el ordenador o en el móvil.	≠ enviar un e-mail
el correo basura	*Spam*	El filtro de correo no deseado te protege del correo basura.	= el spam
la arroba	*At-Zeichen (@), „Klammeraffe“*	¿Cómo escribo la arroba en este teclado?	
el buzón electrónico	*E-Mail-Postfach*	Desgraciadamente tengo mucho correo basura en mi buzón cada día.	= el buzón de entrada
chatear	*chatten*	Pasa todo el día chateando en la red.	
las redes sociales	*soziale Medien*	El vídeo se volvió viral en las redes sociales.	
el ratón	*Maus*	A veces la red puede ser peligrosa, puedes perder dinero haciendo clic con el ratón.	
la memoria	*Speicher*	Con tantas fotos mi memoria está llena otra vez.	
el cursor	*Cursor*	La flecha que te enseña donde estás se llama cursor.	
la impresora	*Drucker*	La impresora imprime los documentos requeridos.	
el virus informático	*Computervirus*	El virus informático puede dañar gravemente el ordenador.	
consultar	*nachschlagen*	Si buscas información sobre García Lorca, consulta una de sus biografías.	

término español	dt. Bedeutung	definición / contexto	sin. / ant.
los medios masivos	*Massenmedien*	Entre los medios masivos están, entre otros, la televisión, la radio y la red.	= los medios de masas
la red telefónica	*Telefonnetz*	La tormenta causó un fallo en la red telefónica.	
el (teléfono) fijo	*Festnetzanschluss*	¿Te puedo llamar al fijo?	
el móvil	*Handy, Mobiltelefon*	Salir sin móvil le resulta imposible.	= el celular (LAm.)
el teléfono inteligente	*Smartphone*	Puedo encender la calefacción desde mi teléfono inteligente.	= el smartphone
el cargador	*Ladegerät*	La batería del smartphone está a punto de agotarse y no tengo cargador.	
la radio (-difusión)	*Rundfunk*	Siempre ha soñado con un puesto de trabajo en la radio.	
la emisora de radio	*Radiosender*	Los conductores disfrutan de su emisora de radio durante el recorrido al trabajo.	
el locutor/la locutora de radio	*Radiosprecher*in*	El locutor de radio empezó con las noticias internacionales.	≠ el/la radioyente
el/la pinchadiscos	*DJ/DJane*	El pinchadiscos consiguió animar a los más vagos.	
la prensa	*Presse, Pressewesen*	La prensa es un medio principal para influir en la opinión pública.	
el periódico (digital)	*(Online-)Zeitung*	En España, El País y El Mundo son los periódicos más difundidos.	
el (periódico) diario	*Tageszeitung*	El diario se publica todos los días.	

término español	dt. Bedeutung	definición / contexto	sin. / ant.
el (periódico) semanal	*Wochenzeitung*	El semanal, no obstante, se distribuye una vez a la semana.	
el/la periodista	*Journalist*in*	El periodista tiene que investigar bien antes de publicar.	= el reportero/la reportera
el periodismo	*Journalismus*	El periodismo atrae a muchos jóvenes que están interesados en el mundo político o social.	
el bloguero/ la bloguera	*Blogger*in*	La bloguera recibió un importante premio de periodismo digital.	
la redacción	*Redaktion*	La redacción se reunió para repartir los temas centrales del periódico actual.	
el editorial	*Leitartikel*	El editorial es el artículo principal de la primera página.	
los textos informativos	*Sachtexte*	En un periódico diario suelen dominar los textos informativos.	≠ los textos literarios
el artículo	*Artikel*	El artículo provocó un escándalo entre los nobles y la Familia Real.	
la entrevista	*Interview*	El Ministro explicó su punto de vista en la entrevista del pasado lunes.	
el comentario	*Kommentar*	Si el telediario presenta una opinión personal, debe subrayar que se trata de un comentario.	
la columna (de opinión)	*Kolumne*	Un artículo subjetivo y con opiniones claras se llama columna.	

término español	dt. Bedeutung	definición / contexto	sin. / ant.
el discurso	*Rede*	El Presidente dio un discurso en el Parlamento.	
la carta al director	*Leserbrief*	Es posible dar su opinión mediante una carta al director.	
el reportaje	*Reportage*	Nos quedamos inquietos después de haber visto el reportaje.	
el anuncio	*Anzeige*	Encontró su nuevo coche por un anuncio en el periódico.	
la relación entre texto e imagen	*Verhältnis von Bild und Text*	La relación entre texto e imagen determina la credibilidad de un periódico.	
el diseño	*Gestaltung, Design*	El diseño es cada vez más importante para el consumidor.	
parecer (c>zc) **convincente**	*glaubwürdig/ überzeugend wirken*	Parecer convincente es el lema de todos los periodistas.	
ver la televisión	*fernsehen*	No me gusta que la gente vea la tele mientras está comiendo.	
escuchar la radio	*Radio hören*	Prefiero escuchar la radio a estar pegado a la tele.	
la cadena	*Kanal*	¡No cambies de cadena cada cinco segundos!	= el canal
la antena parabólica	*Satellitenschüssel*	La antena parabólica ayuda a conectarte con muchas cadenas más.	
la televisión por satélite	*Satellitenfernsehen*	Podemos disfrutar de cadenas españolas en Alemania con la ayuda de la televisión por satélite.	≠ la televisión por cable

término español	dt. Bedeutung	definición / contexto	sin. / ant.
la televisión digital	*digitales Fernsehen*	La televisión digital ofrece numerosas ventajas frente a la televisión analógica.	
la televisión pública	*öffentliches Fernsehen*	La televisión pública aún se distingue por su calidad.	≠ la televisión privada
el bloque publicitario	*Werbeblock*	Me molestan los bloques publicitarios que interrumpen las películas.	= el bloque de anuncios
el programa infantil	*Kindersendung*	Las funciones del cuerpo humano se explican en el programa infantil.	
el programa del corazón	*Boulevardsendung*	El programa del corazón se dedicó a presentar la boda de los infantes.	
la teletienda	*Verkaufssender*	En la teletienda se venden productos 24 horas al día.	
la telenovela	*Telenovela*	La telenovela tiene sus orígenes en Latinoamérica.	= el culebrón
la serie	*Serie*	La serie preferida de Ana cambia cada semana.	
la transmisión deportiva	*Sportübertragung*	En la transmisión deportiva puedes ver p. ej. un partido de fútbol en directo.	
las noticias	*Nachrichten*	La política lingüística predominó en las noticias.	= el telediario
el presentador/la presentadora	*Ansager*in*	El presentador anunció el tiempo del día siguiente.	= el locutor/la locutora
el mando a distancia	*Fernbedienung*	Si no quieres levantarte para cambiar el canal, usa el mando a distancia, para eso está.	

término español	dt. Bedeutung	definición / contexto	sin. / ant.
los altavoces	*Lautsprecher*	Los altavoces ayudan a subrayar los efectos sonoros.	= los parlantes (LAm.)
el servicio de streaming	*Streaming-Dienst*	Muchos servicios de streaming producen sus propias series y películas.	
suscribirse a	*abonnieren*	¿Quieres suscribirte a mi canal de YouTube?	
la cámara digital	*Digitalkamera*	La cámara digital, muy popular a principios de este siglo, está siendo reemplazada por el smartphone.	≠ la cámara analógica

6 Las fiestas y las tradiciones

término español	dt. Bedeutung	definición / contexto	sin. / ant.
Pascua (f.)	*Ostern*	El comienzo de la primavera coincide con la fiesta de Pascua.	
la cuaresma	*Fastenzeit*	La cuaresma dura 40 días.	
la Semana Santa	*Karwoche*	La semana en la que se encuentra el Viernes Santo se llama la Semana Santa.	
conmemorar	*gedenken, erinnern*	En Semana Santa los cristianos conmemoran la Pasión y la Muerte de Cristo.	= recordar (o>ue)/ acordarse (o>ue) de
el Domingo de Ramos	*Palmsonntag*	El día del Domingo de Ramos Jesús llegó a Jerusalén.	
el Domingo de Resurrección	*Ostersonntag*	Según la fe cristiana, Jesús venció la muerte el Domingo de Resurrección.	
Pentecostés (m.)	*Pfingsten*	El Espíritu Santo vuelve a la Tierra en Pentecostés.	
la procesión	*Prozession*	En la época de Pascua los cristianos se acuerdan de la vida y muerte de Jesús con procesiones.	
Todos los Santos	*Allerheiligen*	Conmemoramos la vida de los santos y muertos en el día de Todos los Santos.	
la Navidad	*Weihnachten*	En Navidad, los españoles suelen comer turrón y beben champán y sidra.	
la Nochebuena	*Heiligabend*	La Nochebuena es un día de reuniones familiares.	

término español	dt. Bedeutung	definición / contexto	sin. / ant.
el villancico	*Weihnachtslied*	En Navidad no debe faltar el canto de los villancicos.	
poner el belén y el árbol de Navidad	*Krippe und Weihnachtsbaum aufstellen*	En mi familia solemos poner el belén y el árbol de Navidad el día de Nochebuena.	
ir a misa	*zur Messe/in die Kirche gehen*	Para celebrar el nacimiento de Cristo, vamos a misa.	
regalar	*schenken*	Después de la misa y la cena nos regalamos alguna cosita.	= hacer un regalo
el «gordo»	*Lotteriegewinn am 22. Dezember in Spanien*	Muchos españoles participan en el «gordo» y sueñan con hacerse ricos.	
la Nochevieja	*Silvester*	La Nochevieja es el 31 de diciembre.	
brindar con champán	*mit Sekt anstoßen*	Tradicionalmente se brinda con champán en la Nochevieja.	= brindar con cava
comer las doce uvas de la suerte	*die zwölf Glückstrauben essen*	A las 12 de la Nochevieja se comen las doce uvas de la suerte.	
el Día de los Reyes Magos	*der Tag der Heiligen Drei Könige*	El Día de los Reyes Magos se celebra el 6 de enero.	
la cabalgata de los Reyes Magos	*der Umzug der Heiligen Drei Könige*	El día 5 de enero se ven las cabalgatas de los Reyes Magos en muchas ciudades españolas.	
dejar los zapatos en la puerta	*die Schuhe vor die Türe stellen*	El día 5 de enero los niños dejan los zapatos en las puertas.	

término español	dt. Bedeutung	definición / contexto	sin. / ant.
madrugar	*früh aufstehen*	El día 6 de enero los niños madrugan y recogen los regalos que les han dejado los Reyes Magos por la noche.	= levantarse temprano
la fiesta nacional	*Nationalfeiertag*	La fiesta nacional depende de cada país, su historia y sus costumbres.	
el Día de la Constitución	*Feiertag der Verfassung (6. Dezember)*	Celebramos la democracia española con el Día de la Constitución.	
el Día de la Independencia	*Unabhängigkeitstag*	Muchos países latinoamericanos se acuerdan de su liberación colonial con el Día de la Independencia.	
el carnaval	*Karneval*	Los alemanes se despiden del invierno en carnaval.	
disfrazarse	*sich verkleiden*	Es importante que nos disfracemos en carnaval, no salgo de otra manera.	= enmascararse
participar en un desfile	*an einem Umzug teilnehmen*	A la gente le encanta participar en un desfile con un disfraz común.	
celebrar el aniversario	*den Jahrestag feiern*	En 2019 los españoles celebraron el aniversario del final de la Guerra Civil.	
el himno nacional	*Nationalhymne*	El himno nacional de España no tiene letra.	
la fiesta popular	*Volksfest*	En las fiestas populares la gente lleva trajes regionales. Así se mantiene viva la tradición.	
la corrida de toros	*Stierkampf*	Una tradición controvertida procedente de España es la corrida de toros.	= la tauromaquia

término español	dt. Bedeutung	definición / contexto	sin. / ant.
la plaza de toros	*Stierkampfarena*	Ya no encontramos una plaza de toros en todas las ciudades españolas.	
el torero/ la torera	*Stierkämpfer*in*	El torero lucha con el toro arriesgando una herida seria o su propia muerte.	= el matador de toros, el diestro
el picador	*Picador*	El picador monta a caballo y pica el toro con los banderilleros.	
lidiar	*mit dem Stier kämpfen*	La lucha entre hombre y animal es un tema muy discutido, sobre todo el lidiar.	= torear
la peregrinación	*Pilgerfahrt*	En la Edad Media los pecadores se liberaban de sus pecados durante la peregrinación.	
la fiesta patronal	*Namensfest des Schutzpatrons*	Con las fiestas patronales recordamos la vida y el martirio de los patrones.	
el patrón/ la patrona	*Schutzheilige*r*	El Apóstol Santiago es el patrón de los españoles.	
la leyenda	*Legende*	Según la leyenda, una estrella mostró el lugar de la tumba de Santiago en Santiago de Compostela.	
la concha	*Jakobsmuschel*	Los símbolos del peregrino son la concha y el bastón.	= la vieira
cumplir … años	*… Jahre alt werden*	En 2019 Pepe cumplió 18 años.	
el cumpleaños	*Geburtstag*	¡Feliz cumpleaños!	
¡Felicidades!	*Herzlichen Glückwunsch!*	En España se felicita diciendo: «¡Muchas felicidades y que cumplas muchos más!»	

término español	dt. Bedeutung	definición / contexto	sin. / ant.
soplar las velas	*die Kerzen auspusten*	El día de mi cumpleaños tengo que soplar las velas.	
estirar de las orejas	*an den Ohren ziehen*	En España estiramos de las orejas, p. ej. 15 veces si cumples 15 años.	
la fiesta onomástica	*Namenstag*	En la fiesta onomástica se dice: «¡Felicidades en el día de tu santo!»	
el enlace	*Verlobung*	Hoy en día ya no damos mucha importancia al día del enlace.	
la boda	*Hochzeit*	La boda se organiza de manera cada vez más perfeccionista.	= el casamiento
el aniversario de boda	*Hochzeitstag*	Los aniversarios de boda se celebran con los miembros de la familia y con los amigos.	
el bautizo	*Taufe*	En el bautizo el cura echa agua a la cabeza para dar la bienvenida al nuevo miembro de la comunidad cristiana.	
la inauguración	*Eröffnung, Einweihung*	Celebramos la inauguración de una casa o una exposición.	
aceptar una invitación	*eine Einladung annehmen*	Acepté la invitación de Clara para el 2 de julio sin pensar en nuestro aniversario.	≠ rechazar una invitación
pedir (e>i) **algo con cortesía**	*höflich um etwas bitten*	Juan fue un maleducado en tu fiesta, dio órdenes en vez de pedir algo con cortesía.	

término español	dt. Bedeutung	definición / contexto	sin. / ant.
rogar (o > ue) **confirmación**	*um Antwort bitten*	Rogamos confirmación de nuestra invitación hasta el 5 de octubre.	
el anfitrión/ la anfitriona	*Gastgeber*in*	El anfitrión siempre debería ofrecer algo a los invitados.	≠ el invitado/ la invitada
el brindis	*Toast, Sich-Zuprosten*	Vamos a comenzar la cena con un brindis.	
dar las gracias a alguien	*sich bei jdm. bedanken*	Cuando recibes un regalo, ya sabes: da las gracias.	= agradecer (c > zc)
dar una fiesta	*ein Fest geben*	Cumples los 18, ¡tienes que dar una fiesta e invitar a todos los amigos!	
los fuegos artificiales	*Feuerwerk*	El final de una fiesta popular se celebra muy a menudo con fuegos artificiales.	

La economía y geografía

1 La economía nacional y empresarial

término español	dt. Bedeutung	definición / contexto	sin. / ant.
la economía nacional	*Volkswirtschaft*	El Gobierno habla de una evolución favorable de la economía nacional.	= la economía política
la economía empresarial	*Betriebswirtschaft*	La economía empresarial se dedica a optimizar las ganancias de la empresa.	= la economía industrial
la coyuntura	*Konjunktur*	La coyuntura se puede describir como el comportamiento de la economía.	
el auge económico	*wirtschaftlicher Aufschwung*	En los años 60, España vivió un auge económico.	= el florecimiento económico
la recesión	*Rezession*	La economía está entrando en una fase de recesión.	= la disminución de actividades económicas
impulsar la economía	*die Wirtschaft ankurbeln*	Los ministros europeos decidieron medidas para impulsar la economía.	= estimular la economía
la inflación	*Inflation*	En un estado de inflación el dinero pierde su valor.	≠ la deflación
el producto interior bruto (PIB)	*Bruttoinlandsprodukt (BIP)*	El producto interior bruto suma lo que producimos anualmente en mercancías y servicios.	
la renta per cápita	*Pro-Kopf-Einkommen*	La renta per cápita es un indicador para estimar la riqueza económica de un país.	= el ingreso per cápita

término español	dt. Bedeutung	definición / contexto	sin. / ant.
el comercio exterior	*Außenhandel*	Para Alemania, el comercio exterior desarrolla un papel muy importante.	≠ el comercio interior
el tratado de libre comercio	*Freihandelsabkommen*	El T-MEC es un tratado de libre comercio entre México, Estados Unidos y Canadá.	= el acuerdo de libre comercio
el sector servicios	*Dienstleistungssektor*	El sector servicios es cada vez más importante.	= el sector terciario
la salud pública	*Gesundheitswesen*	Los trabajos en la salud pública son mal pagados aunque hay que ser fuerte y responsable.	
la hostelería	*Hotel- und Gaststättengewerbe*	En la hostelería los hispanohablantes de los EE. UU. suelen encontrar un puesto de trabajo.	
el sector de alta tecnología	*Hightech-Bereich*	Exigen una buena formación en el sector de alta tecnología.	
la industria petrolera	*Ölindustrie*	En Venezuela la industria petrolera es la primera fuente de ingresos.	
el crudo	*Rohöl*	El precio del crudo cayó en 50 dólares por barril.	= el petróleo
la materia prima	*Rohstoff*	La madera, el petróleo y el hierro son materias primas, por ejemplo.	
la minería	*Bergbau*	En la minería se explotan materias primas como el hierro y el cobre.	= la explotación minera
la agricultura	*Landwirtschaft*	Hasta los años 60, la agricultura fue el pilar principal de la economía española.	= el cultivo

término español	dt. Bedeutung	definición / contexto	sin. / ant.
el cultivo de cereales	*Getreideanbau*	En esta región el suelo es ideal para el cultivo de cereales.	
exportar los cítricos	*Zitrusfrüchte exportieren*	Exportar los cítricos, p. ej. la naranja y el limón, es una fuente de ingreso para los países hispanos.	≠ importar los cítricos
la ganadería	*Viehzucht*	En Argentina y Uruguay, la ganadería es un importante ramo económico.	
la pesca	*Fischfang*	El futuro de la pesca es incierto.	
la banca	*Bankwesen*	Jorge encontró su puesto favorito: trabaja en la banca.	
el banco	*Bank*	El banco donde Jorge ejerce su trabajo está en la Calle San Juan.	
la Cámara de Comercio	*Handelskammer*	La Cámara Oficial Española de Comercio en Alemania fomenta el comercio entre los dos países.	
el comercio justo	*fairer Handel*	Gepa y Transfair, p. ej., son compañías que realizan el comercio justo.	
la empresa	*Unternehmen, Firma*	Max trabaja en la empresa de su padre.	= la firma
el empresario/ la empresaria	*Unternehmer*in*	Fue elegido empresario del año 2019.	
el grupo (empresarial)	*Konzern*	El grupo Telefónica está representado tanto en Europa como en Latinoamérica.	= el consorcio
la sede	*Hauptsitz*	El Corte Inglés tiene su sede en Madrid.	

término español	dt. Bedeutung	definición / contexto	sin. / ant.
las pymes (pequeñas y medianas empresas)	*kleine und mittlere Unternehmen*	Las pymes se unieron para juntarse contra el poder de las grandes empresas.	
la multinacional	*multinationaler Konzern*	Entre las multinacionales españolas más grandes están p. ej. Repsol y Telefónica.	
la sucursal	*Filiale, Niederlassung*	Este banco tiene sucursales en el mundo entero.	= la agencia
la filial	*Tochtergesellschaft*	El fabricante de automóviles Seat es una filial del grupo alemán Volkswagen.	≠ la (casa) matriz
el negocio	*Geschäft*	Brindaron con champán por el buen negocio.	
el margen de beneficio	*Gewinnspanne*	El margen de beneficio sube si puedes producir la mercancía más barata y venderla por un precio más alto.	= el margen de ganancias
el competidor/ la competidora	*Konkurrent*in*	Este segmento de mercado ahora se tiene que repartir entre muchos competidores.	= el/la contrincante
declararse en quiebra	*Konkurs anmelden*	A causa de la crisis financiera, muchas empresas tuvieron que declararse en quiebra.	= declararse en bancarrota
las acciones	*Aktien*	Las acciones se negocian en la bolsa.	
la sociedad anónima (S.A.)	*Aktiengesellschaft (AG)*	El capital social de una S.A. está dividido en acciones.	
la junta general de accionistas	*Hauptversammlung*	El Banco Santander celebró ayer su junta general de accionistas.	

término español	dt. Bedeutung	definición / contexto	sin. / ant.
la sociedad de responsabilidad limitada (S.R.L.)	*Gesellschaft mit beschränkter Haftung (GmbH)*	Las participaciones en una S.R.L. no se negocian en la bolsa.	
la sociedad cooperativa	*Genossenschaft*	Existen sociedades cooperativas de producción, de servicios, de crédito, p. ej.	
la dirección	*Firmenleitung*	La dirección se negó a comentar las causas de la crisis interna.	= la gerencia, la administración
el departamento de contabilidad	*Buchhaltung*	Sonia estudió Empresariales y trabaja actualmente en el departamento de contabilidad.	
el departamento de personal	*Personalabteilung*	El departamento de personal se ocupa de contratar y administrar al personal de una empresa.	
la entrega	*Lieferung*	Los plazos de entrega y pago tienen que ser cumplidos.	= el suministro
la mercancía	*Ware*	Transportaron la mercancía en ferrocarriles.	= la mercadería
el proveedor/ la proveedora	*Lieferant*in*	La industria automovilística y sus proveedores sufren por la crisis.	= el suministrador/la suministradora
el cliente/ la clienta	*Kunde/Kundin*	Lo más importante es que el cliente esté satisfecho.	
el descuento	*Rabatt*	Un descuento del 30 % es muy generoso.	= la rebaja
reclamar	*reklamieren*	El cliente reclamó la calidad de la mercancía.	≠ estar satisfecho/-a
la solicitud de oferta	*Anfrage*	La empresa mandó una solicitud de oferta.	

término español	dt. Bedeutung	definición / contexto	sin. / ant.
anular un pedido	*eine Bestellung annullieren/ stornieren*	Por problemas financieros, la empresa anuló su pedido.	≠ confirmar un pedido
el envío	*Versand*	El envío es gratuito si usted compra diez ejemplares.	= la expedición
el pago previo	*Vorauszahlung*	Solo envían el producto con pago previo.	= el pago anticipado
el pago al contado	*Barzahlung*	Mediante el pago al contado se evita pagar altas tasas de interés.	
el pago a plazos	*Ratenzahlung*	Muchos jóvenes aprovechan el pago a plazos para adquirir un coche.	
la factura	*Rechnung*	Con el envío del producto le mandaremos la factura.	= la cuenta
la agencia de aduanas	*Zollamt*	Si una empresa no forma parte de la UE, el pedido tiene que pasar por la agencia de aduanas.	= la oficina aduanera
los impuestos	*Steuern*	Si no tuviéramos que pagar tantos impuestos, seríamos capaces de aumentar el consumo.	
gravar	*besteuern*	Mucha gente está a favor de gravar más las bebidas alcohólicas para proteger mejor a los menores de edad.	
el IVA (Impuesto sobre el Valor Añadido)	*Mehrwertsteuer*	Actualmente, el IVA español es más alto que el alemán.	= Impuesto al Valor Agregado (LAm.)
la declaración de la renta	*Steuererklärung*	Al final del año hay que preparar la declaración de la renta.	

término español	dt. Bedeutung	definición / contexto	sin. / ant.
ahorrar	*sparen*	Carlos y Pepe ahorran para un viaje a Canadá.	= economizar ≠ gastar dinero
el poder adquisitivo	*Kaufkraft*	El poder adquisitivo depende del salario neto y de los gastos de los consumidores.	
abrir una cuenta	*ein Konto eröffnen*	Antes de abrir una cuenta deberías informarte sobre los tipos de interés que te ofrecen.	≠ cerrar (e>ie) una cuenta
sacar dinero	*Geld abheben*	Hoy día es normal sacar dinero de cajeros automáticos.	≠ ingresar/depositar dinero
la tarjeta de crédito	*Kreditkarte*	No aceptamos tarjetas de crédito.	
el interés	*Zins*	Si tomas dinero prestado, tienes que contar con los intereses.	
el préstamo	*Darlehen*	El banco me concedió un préstamo sin dudar.	
la transferencia bancaria	*Überweisung*	El pago se puede realizar mediante transferencia bancaria.	= la acción bancaria
la inversión	*Investition*	La dirección no dudó en mejorar el estatus de la empresa mediante inversiones.	
la ley de la oferta y la demanda	*Gesetz von Angebot und Nachfrage*	La ley de la oferta y la demanda regula el mercado.	
la bolsa	*Börse*	La crisis económica tuvo sus raíces en las especulaciones en la bolsa.	

término español	dt. Bedeutung	definición / contexto	sin. / ant.
la caída de la bolsa	*Börsensturz*	Hubo más parados después de la caída de la bolsa.	
la crisis financiera	*Finanzkrise*	La crisis financiera arruinó a la familia de Miguel.	
el mercado monetario	*Geldmarkt*	El mercado monetario es un fenómeno complicado y a veces poco controlable.	
afectar	*betreffen*	Muchos países se ven afectados por la crisis.	= concernir (e>ie)
la cifra	*Ziffer, Zahl*	No me interesan las cifras, lo que cuenta es el destino del empleado que pierde su trabajo.	= el número
el porcentaje	*Prozentsatz*	El porcentaje de los analfabetos ha subido constantemente.	
la estadística	*Statistik*	El Instituto Nacional de Estadísticas (INE) elabora estadísticas de España.	
descender (e>ie)	*zurückgehen, sinken*	La tasa de paro ha descendido.	= bajar ≠ aumentar
la publicidad	*Werbung*	Laura quiere hacer prácticas en una agencia de publicidad.	
el eslogan	*Werbespruch*	Un buen eslogan es corto y creativo para que la gente lo retenga en la memoria.	= el lema
el consumidor/ la consumidora	*Verbraucher*in*	Gracias a la demanda del consumidor se producen más los productos biológicos.	
la feria	*Messe*	La Feria Internacional del Libro se celebra anualmente en Fráncfort.	

2 El mundo laboral

término español	dt. Bedeutung	definición / contexto	sin. / ant.
las posibilidades de trabajo	*Arbeitsmöglichkeiten*	Salir del campo mejora las posibilidades de trabajo.	
ofrecer (c>zc) **un puesto de trabajo**	*einen Arbeitsplatz anbieten*	La empresa me ofreció un buen puesto de trabajo.	≠ solicitar una plaza de trabajo
la solicitud de empleo	*Bewerbung*	Por favor, envíenos su solicitud de empleo por correo electrónico.	
la experiencia laboral	*Arbeitserfahrung*	Lucía no tiene experiencia laboral ninguna, por lo que le resultará difícil conseguir un puesto de trabajo.	= la experiencia profesional
el período de prácticas	*Praktikum*	En las escuelas universitarias, los períodos de prácticas son obligatorios.	= el tiempo de prácticas
la estancia en el extranjero	*Auslandsaufenthalt*	Hay cada vez más demanda en cuanto a una estancia en el extranjero.	
las referencias	*Empfehlungen, Referenzen*	Necesitas buenas referencias de tu jefe anterior para conseguir este puesto.	= las cartas de recomendación
el CV (= currículum vitae)	*Lebenslauf*	En el CV incluyes tus datos personales, tus estudios y conocimientos y tu experiencia laboral.	= el currículo
el diploma de bachillerato	*Abiturzeugnis*	Ayer se entregaron los diplomas del bachillerato.	
ser aplicado/-a (en)	*fleißig sein (in/bei)*	Pablo es muy aplicado en todo lo que le interesa.	= trabajador/-a ≠ holgazán/holgazana

término español	dt. Bedeutung	definición / contexto	sin. / ant.
la entrevista personal	*Vorstellungsgespräch*	El lunes le invitaron para la entrevista personal.	
quedar bien	*einen guten Eindruck machen*	Cree que quedó muy bien en la entrevista.	≠ quedar mal, desagradar
cumplir las exigencias	*Bedingungen erfüllen*	Con mis estudios y experiencia laboral cumplo las exigencias.	= cumplir los requisitos
encontrar (o>ue) **un trabajo fijo**	*einen festen Arbeitsplatz finden*	Hoy en día resulta difícil encontrar un trabajo fijo.	= hallar un trabajo fijo
contratar	*unter Vertrag nehmen, anstellen*	Me contrataron enseguida, ¡qué suerte!	= emplear
despedir (e>i)	*kündigen*	Fueron despedidas miles de personas como consecuencia de la crisis económica.	
conseguir (e>i) **un contrato laboral**	*einen Arbeitsvertrag bekommen*	Tras dos años de paro, Jorge consiguió por fin un contrato laboral.	
el contrato de prueba	*Vertrag auf Probe*	Le ofrecieron un contrato de prueba.	= el contrato provisorio
las cláusulas de contrato	*Vertragsklauseln*	Hay que leer atentamente las cláusulas de contrato.	
firmar	*unterschreiben*	Firme aquí, por favor.	
la jornada laboral	*Arbeitstag*	Su jornada laboral empieza a las ocho de la mañana y termina a las diez de la noche.	
el horario laboral	*Arbeitszeit*	En muchos trabajos el horario laboral lo fija la empresa.	

término español	dt. Bedeutung	definición / contexto	sin. / ant.
el horario flexible	*flexible Arbeitszeit, Gleitzeit*	Con un horario flexible los padres y las madres consiguen organizar mejor el trabajo y las tareas familiares.	≠ el horario fijo
las horas extraordinarias	*Überstunden*	Trabaja tantas horas extraordinarias que no le queda tiempo para su familia.	= las horas extra
trabajar en equipo	*im Team arbeiten*	Bernardo simplemente no sabe trabajar en equipo.	≠ trabajar solo/-a
la sobrecualificación	*Überqualifizierung*	Se habla de sobrecualificación cuando una persona ocupa trabajos por debajo de su nivel de formación.	
el Servicio Público de Empleo Estatal (SEPE)	*spanische staatliche Arbeitsagentur*	El Servicio Público de Empleo Estatal te ayuda a encontrar un trabajo apropiado.	
la empresa de trabajo temporal	*Zeitarbeitsfirma*	Las empresas de trabajo temporal ofrecen la posibilidad de ganar experiencia laboral.	
el empleador/ la empleadora	*Arbeitgeber*in*	El empleador te ofrece un puesto de trabajo.	= el empresario/la empresaria
el trabajador/ la trabajadora	*Arbeitnehmer*in, Arbeiter*in*	Los trabajadores realizan el trabajo para los empleadores.	
el sueldo	*Gehalt*	En España, los sueldos suelen ser más bajos que en Alemania.	= el salario
los nimileuristas	*junge Spanier*innen, die nicht einmal 1 000 Euro im Monat verdienen*	Aunque tengan una buena formación, los nimileuristas no ganan lo suficiente para independizarse.	

término español	dt. Bedeutung	definición / contexto	sin. / ant.
la formación	*Ausbildung*	Una buena formación te abre las puertas al futuro.	
la plantilla	*Personal, Belegschaft*	La empresa prevé reducir su plantilla, lo que preocupa a los empleados.	= el personal
el comité de empresa	*Betriebsrat*	El comité de empresa organizó una manifestación.	
el sindicato	*Gewerkschaft*	Los sindicatos españoles más importantes son la Unión General de Trabajadores y las Comisiones Obreras.	
la huelga	*Streik*	La huelga es una medida de presión extrema.	= el paro (laboral)
el/la portavoz	*Wortführer*in, Sprecher*in*	Eligieron como portavoz al trabajador más emblemático.	
manifestarse	*demonstrieren*	Los empleados se manifestaron para obtener mejores condiciones laborales.	
el obrero/ la obrera	*Arbeiter*in*	Con la ideología comunista los obreros ganaron su respeto.	
parado/-a	*arbeitslos*	Estar parado significa no tener un puesto fijo ni temporal.	= desempleado/-a
la tasa de desempleo	*Arbeitslosenquote*	En España, la tasa de desempleo es relativamente alta.	= la tasa de paro
el subsidio de desempleo	*Arbeitslosenunterstützung*	Jorge lleva un año cobrando el subsidio de desempleo.	
el/la gerente	*Geschäftsführer*in*	El gerente se presentó en la reunión con nuevos impulsos para la empresa.	= el administrador/la administradora

término español	dt. Bedeutung	definición / contexto	sin. / ant.
el contador/ la contadora	*Buchhalter*in*	Los contadores se ocupan de los procesos financieros.	
el ejecutivo/ la ejecutiva	*Manager*in, Führungskraft*	Muchos critican que los ejecutivos ganen tanto.	
el funcionario/ la funcionaria	*Beamter/Beamtin*	El Estado tiene sus propios empleados: los funcionarios.	
el servicio público	*öffentlicher Dienst*	Trabajar en el servicio público no resulta creativo, pero ofrece un trabajo seguro.	
autónomo/-a	*selbstständig*	Los autónomos trabajan por cuenta propia.	
el titulado/ la titulada superior	*Hochschulabsolvent*in*	Los titulados superiores tienen buenas salidas en el mercado laboral.	
hacer mucha falta	*dringend gebraucht werden*	Los trabajadores cualificados hacen mucha falta.	
trasladar	*versetzen*	A José lo trasladaron a Galicia. Está muy contento allí.	
ascender (e>ie) **en el puesto de trabajo**	*befördert werden*	Carmen cambiará de oficina ya que ascendió en el puesto de trabajo.	= subir de cargo
la responsabilidad	*Verantwortung*	Le falta motivación en el trabajo porque no le dan responsabilidad.	
el buen clima de trabajo	*gutes Arbeitsklima*	Un buen clima de trabajo tiene efectos positivos en la eficacia y la motivación de los empleados.	= el buen ambiente laboral

3 El turismo

término español	dt. Bedeutung	definición / contexto	sin. / ant.
el/la turista	*Tourist*in*	En verano, millones de turistas van a la Costa Brava.	≠ el/la residente
el extranjero/ la extranjera	*Ausländer*in*	Los extranjeros empiezan a comparar las culturas durante sus vacaciones.	= el forastero/ la forastera
disfrutar de las vacaciones	*die Ferien genießen*	Luis disfruta de las vacaciones mientras que su hermana tiene que trabajar.	
el turismo de masas	*Massentourismus*	El turismo de masas ha producido graves daños en la estética de las regiones turísticas.	≠ el turismo individual
atraer a turistas	*Touristen anziehen*	Un paisaje bonito, un alojamiento agradable y un buen precio atraen a los turistas.	
aportar riqueza	*Reichtum bringen*	El turismo aporta riqueza a la región.	
la fuente de ingresos	*Einnahmequelle*	El Estado franquista descubrió el turismo como fuente de ingresos.	
posibilitar una calidad de vida más alta	*einen höheren Lebensstandard ermöglichen*	Los ingresos del turismo posibilitan una calidad de vida más alta para los cubanos.	
el turismo rural	*Urlaub auf dem Land*	Prefiero el turismo rural, es más ecológico.	≠ el turismo urbano
irse de vacaciones	*in Urlaub fahren*	Nos vamos de vacaciones en agosto.	= irse de viaje a, viajar por

término español	dt. Bedeutung	definición / contexto	sin. / ant.
veranear	*den Sommer verbringen*	La familia de José Antonio solía veranear en Alicante.	= pasar el verano
la agencia de viajes	*Reisebüro*	La agencia de viajes organizó los vuelos y el hotel.	
la oficina de turismo	*Fremdenverkehrsamt*	La oficina de turismo ayuda a encontrar el lugar más apropiado.	
recomendar (e>ie) **algo a alguien**	*jdm. etwas empfehlen*	La señora Sánchez me recomendó este hotel.	
la temporada alta	*Hochsaison*	Los precios son más altos en la temporada alta.	≠ la temporada baja
el viaje individual	*Individualreise, Reise auf eigene Faust*	Disfruto mucho del viaje individual, así no dependo de nadie.	= el viaje por cuenta propia
el viaje organizado	*organisierte Reise*	No me gustan los viajes organizados con un programa establecido.	≠ el viaje individual
el viaje relámpago	*Spontanreise*	Nos decidimos espontáneamente, fue un viaje relámpago.	
el viaje de fin de semana	*Wochenendreise*	Organizamos un viaje de fin de semana para descansar.	
el viajero/ la viajera	*Reisende*r*	El viajero se quejó del trayecto al hotel.	= el pasajero/ la pasajera
el/la trotamundos	*Globetrotter*in*	El trotamundos exploró su país de destino a su manera.	
hacer puente	*einen Brückentag nehmen*	Si un día festivo coincide con el comienzo del fin de semana, puedes hacer puente.	

término español	dt. Bedeutung	definición / contexto	sin. / ant.
el alojamiento	*Unterkunft*	Si buscas alojamiento, puedes informarte en la oficina de turismo.	
alojarse	*sich einquartieren, unterkommen*	Nos alojamos en un antiguo castillo, fue maravilloso.	= residir
pasar la noche	*übernachten*	Pasamos la noche en un hotel muy cutre.	= pernoctar
la pensión completa	*Vollpension*	Tiene tres opciones: pensión completa, media pensión o solo con desayuno.	
deteriorado/-a	*beschädigt*	Nuestra habitación era un desastre, la cama estaba deteriorada.	= roto/-a
quejarse (de)	*sich beschweren (über)*	El cliente tiene la oportunidad de quejarse.	= presentar un problema
el transporte	*Anreise*	El transporte duró once horas.	= el trayecto
hacer trasbordo	*umsteigen*	Para ir a Quito, tuve que hacer trasbordo dos veces.	
el horario de salidas y llegadas	*Ankunfts- und Abflugplan*	Si hay retraso o un vuelo cancelado, mire el horario de salidas y llegadas.	
el lugar de procedencia	*Herkunftsort*	¿Cuál es su lugar de procedencia?	≠ el lugar de destino
salir (de)	*abfahren (von), losfahren (von)*	El avión sale de Bilbao.	= partir (de)
despegar	*abheben, abfliegen*	Siéntense, por favor, estamos a punto de despegar.	≠ aterrizar
el billete sencillo	*einfaches Ticket*	Si no quiere volver a Alemania, compre un billete sencillo.	≠ el billete de ida y vuelta

término español	dt. Bedeutung	definición / contexto	sin. / ant.
la puerta de embarque	*Ausgang, Gate*	Los pasajeros del vuelo X126 vayan a la puerta de embarque número once, por favor.	= la puerta de salida
el andén	*Gleis*	En la estación de trenes no hay puertas, hay andenes.	
la ventanilla	*Schalter*	Los que no disponen de un ticket, van a la ventanilla.	
el asiento reservado	*reservierter Sitzplatz*	El tren está muy ocupado, siempre deberías coger un asiento reservado.	≠ la plaza sin reserva de asiento
contemplar el paisaje	*die Landschaft betrachten*	Durante el viaje en tren me encanta contemplar el paisaje.	
el casco antiguo	*Altstadt*	El casco antiguo recuerda los tiempos árabes.	= el centro histórico
la zona peatonal	*Fußgängerzone*	Puede realizar sus compras en nuestra zona peatonal.	
la calle comercial	*Einkaufsstraße*	Nuestro pueblo dispone además de una calle comercial.	
los alrededores	*Umgebung*	Es una pena que cuiden los centros y no se preocupen de los alrededores.	
el ecoturismo	*Ökotourismus*	El ecoturismo se ha convertido en un factor económicamente importante.	
la aldea	*Dorf*	La aldea tiene sus tradiciones y leyendas.	= el pueblo, la puebla
irse al campo	*aufs Land fahren*	Nos hartamos de los centros turísticos, vamos al campo.	

término español	dt. Bedeutung	definición / contexto	sin. / ant.
la granja	*Bauernhof*	En el programa de Ecoviajes hay ofertas para pasar las vacaciones en una granja.	= la finca
la zona rural	*ländliches Gebiet*	El hotel está situado en la zona rural.	= la región agrícola
acampar	*zelten*	Para acampar necesitas una tienda de campaña, una mochila y un saco de dormir.	
el guía turístico/ la guía turística	*Reiseleiter*in*	La guía turística nos informó del programa.	
la guía turística	*Reiseführer (Buch)*	Un libro con informaciones útiles se llama guía turística.	
el animador/ la animadora	*Animateur*in*	El animador se ocupó de la diversión de los viajeros.	
pagar en moneda extranjera	*in fremder Währung bezahlen*	Si te vas a un país latinoamericano, tienes que pagar en moneda extranjera.	
cambiar dinero	*Geld wechseln*	Los bancos te cambian dinero.	
pagar en efectivo	*bar bezahlen*	Solemos pagar el hotel en efectivo.	= pagar al contado
el lugar de interés turístico	*Sehenswürdigkeit*	En Perú, los monumentos incas constituyen lugares de gran interés turístico.	
practicar un deporte	*Sport treiben*	En las vacaciones les gusta practicar un deporte.	= hacer deporte
deportista	*sportlich*	En la familia de Toña, todos son muy deportistas.	
bañarse	*baden, schwimmen*	Me encanta bañarme, el mar me gusta.	= tomar un baño

término español	dt. Bedeutung	definición / contexto	sin. / ant.
adentrarse en el mar	*ins Meer hinausschwimmen*	No deberías adentrarte en el mar, puede ser peligroso.	= alejarse de la orilla
nadar	*schwimmen*	El hotel tiene piscina, podemos nadar cada mañana.	
ir a pasear	*spazieren gehen*	El turista disfruta paseando por el casco antiguo.	= dar un paseo, dar una vuelta
bucear	*schnorcheln, tauchen*	Buceamos en la costa y vimos miles de peces y mariscos.	
el submarinismo	*Tauchen, Tauchsport*	Una de sus actividades preferidas en las vacaciones es hacer submarinismo.	
remar	*rudern*	Remando entrenas todo el cuerpo y estás al aire libre.	
el bosque	*Wald*	El bosque encanta por su variedad en fauna y flora.	
la montaña	*Berg*	Subir la montaña es un desafío personal.	= el monte
el refugio de montaña	*Berghütte*	A 2000 metros nos quedamos a dormir en el refugio de montaña.	= la cabaña
el deporte de invierno	*Wintersportart*	Me gusta el deporte de invierno, sobre todo el esquí y el patinaje sobre hielo.	
la pista de esquí	*Skipiste*	Esta pista de esquí ofrece diversión para cada nivel.	
el telesquí	*Skilift*	Sin el telesquí sería agotador subir la montaña para esquiar.	= el elevador de montaña

término español	dt. Bedeutung	definición / contexto	sin. / ant.
el alpinismo	*Bergsteigen*	El alpinismo puede ser un deporte peligroso, pero a la vez fascinante.	= el montañismo
el/la alpinista	*Bergsteiger*in*	Pepe tiene miedo a las alturas, nunca se convertirá en un alpinista.	= el/la turista de montaña
escalar	*klettern*	No me apetece escalar, pero a mucha gente le encanta.	
caminar	*wandern*	Caminar en la naturaleza es un placer que atrae cada vez a más gente.	= hacer senderismo
pescar	*angeln*	Nuestra naturaleza ofrece actividades como hacer senderismo o pescar.	
la equitación	*Reiten, Reitsport*	Durante las vacaciones Juana toma clases de equitación y de tenis.	= la monta (a caballo)
montar a caballo	*reiten*	La hija de los Fernández sabe montar muy bien a caballo y participa en torneos.	
la excursión en bici	*Fahrradtour*	La agencia recomienda excursiones en bici.	
el patrimonio cultural	*Kulturerbe*	El Camino de Santiago fue declarado patrimonio cultural.	
el legado histórico	*historisches Erbe*	Nosotros, los turistas, también tenemos que cuidar el legado histórico.	

4 El espacio urbano

término español	dt. Bedeutung	definición / contexto	sin. / ant.
urbano/-a	*städtisch*	En general se puede decir que la vida urbana tiene sus ventajas e inconvenientes.	≠ rural
la población urbana	*Stadtbevölkerung*	La población urbana disfruta de una inmensa oferta cultural.	≠ la población rural
fundar	*gründen*	Mérida, la capital de Extremadura, fue fundada por los romanos.	= instaurar
la arquitectura	*Architektur*	En muchas ciudades latinoamericanas se pueden admirar ejemplos de la arquitectura colonial.	
la planificación urbana	*Städtebau, Städteplanung*	Una planificación urbana sensata hace más agradable vivir en la ciudad.	= el diseño urbano
la metrópoli	*Metropole*	La metrópoli Ciudad de México es una de las ciudades más grandes del mundo.	≠ la aldea, la villa
metropolitano/-a	*haupt-, weltstädtisch*	El ambiente metropolitano de Barcelona atrae a mucha gente.	
cosmopolita	*kosmopolitisch*	Una persona que se siente bien en la mezcla de culturas y estilos de vida se llama cosmopolita.	
la megalópolis	*Megalopolis (zusammengewachsene Millionenstädte)*	En Brasil, Rio de Janeiro y São Paulo ya se han convertido en megalópolis.	
el edificio	*Gebäude*	Viven en un edificio de 20 plantas.	

término español	dt. Bedeutung	definición / contexto	sin. / ant.
la manzana	*Häuserblock*	Todos los días doy una vuelta a la manzana con mi abuelo.	= la cuadra (LAm.)
el barrio	*Viertel*	Este barrio combina la vida moderna y estructuras tradicionales.	= la zona residencial
el barrio residencial	*Wohnviertel*	En este barrio residencial predominan las casas unifamiliares.	≠ el centro
el barrio desfavorecido	*benachteiligtes Stadtviertel*	El alcalde implementó las medidas necesarias para apoyar el barrio desfavorecido.	
el barrio pobre	*Elendsviertel*	Los barrios pobres siguen creciendo de forma incontrolada.	= el barrio bajo, la favela (bras.)
la chabola	*Elendswohnung*	Muchos habitantes pobres viven en chabolas.	≠ el palacio, la villa
el rascacielos	*Wolkenkratzer*	Las grandes capitales se definen por sus rascacielos característicos.	
extenderse (e>ie)	*sich erstrecken*	Montevideo se extiende por la costa del Río de la Plata.	
estar ubicado/-a	*sich befinden, liegen*	San José, la capital de Costa Rica, está ubicada en el centro del país.	= estar situado/-a
la media	*Durchschnitt*	La media de la población urbana se siente segura y aprovecha las ventajas que ofrece su ciudad.	= el promedio
el núcleo central	*Stadtkern*	Las actividades comerciales y financieras suelen concentrarse en el núcleo central.	

término español	dt. Bedeutung	definición / contexto	sin. / ant.
el suburbio	*Vorort, Vorstadt*	Mis abuelos prefieren vivir en el suburbio porque es más barato.	= la periferia ≠ el centro
la ciudad dormitorio	*„Schlafstadt"*	Los habitantes de una ciudad dormitorio viajan a otra ciudad para trabajar allí.	= la ciudad satélite
el crecimiento de las ciudades	*Städtewachstum*	El crecimiento de las ciudades tiene sus raíces en el abandono continuo de los pueblos.	= el crecimiento urbano
la densidad de población	*Bevölkerungsdichte*	Una característica central de las metrópolis latinoamericanas es la gran densidad de población.	
el éxodo campesino	*Landflucht*	Las consecuencias del éxodo campesino son, por un lado, pueblos abandonados y, por otro lado, guetos urbanos.	= el éxodo rural
contribuir (i>y) al problema	*zum Problem beitragen*	La falta de atractividad cultural en los pueblos contribuye al problema.	= agravar el problema
el asentamiento informal	*illegale Ansiedlung*	En Latinoamérica son millones las personas que viven en asentamientos informales.	= el asentamiento irregular
la escasez de viviendas	*Wohnungsnot*	La escasez de viviendas aumenta los conflictos intraurbanos.	≠ la abundancia de viviendas
la construcción de viviendas protegidas	*sozialer Wohnungsbau*	La construcción de viviendas protegidas ayuda a la población sin recursos financieros.	
alquilar un piso	*eine Wohnung mieten*	Alquilaron un piso en un buen barrio.	≠ comprar un piso

término español	dt. Bedeutung	definición / contexto	sin. / ant.
el precio de la vivienda	*Wohnungspreis*	Los precios de la vivienda dependen de la oferta y demanda.	
el piso en propiedad	*Eigentumswohnung*	La gran mayoría de los españoles prefiere tener un piso o una casa en propiedad a vivir de alquiler.	= el piso propio ≠ el piso de alquiler
la hipoteca	*Hypothek*	La hipoteca es la seguridad del banco si no pagamos las deudas.	
la crisis inmobiliaria	*Immobilienkrise*	La crisis inmobiliaria en España se debe, entre otras cosas, a la corrupción.	= la crisis hipotecaria
el desahucio	*Zwangsräumung*	Los desahucios llevaron a una ola de protestas.	
la corrupción urbanística	*Korruption in der Baubranche*	En los últimos años se hicieron públicos muchos casos de corrupción urbanística en España.	
el urbanismo desaforado	*unkontrollierter Städtebau*	El urbanismo desaforado destruye el medio ambiente.	= el urbanismo salvaje
la demolición	*Abriss*	Greenpeace exigió la demolición del hotel ilegal.	= el derribo
la infraestructura	*Infrastruktur*	El presidente anunció invertir en la infraestructura del país.	
la recolección de basura	*Müllabfuhr*	En los barrios pobres no hay recolección de basura, cosa que favorece la extensión de enfermedades.	
la limpieza de las calles	*Straßenreinigung*	La limpieza de las calles ayuda a quitar la basura.	
el abastecimiento de agua	*Wasserversorgung*	El abastecimiento de agua será el gran reto del futuro.	

término español	dt. Bedeutung	definición / contexto	sin. / ant.
el agua potable (f.)	*Trinkwasser*	La falta de agua potable provoca la muerte de más de 5000 niños al día.	
la higiene	*Hygiene*	El ayuntamiento debería asegurar un mínimo de higiene en la ciudad.	
carecer (c > zc) **de**	*nicht haben, entbehren*	Los asentamientos informales carecen de infraestructura.	≠ disponer de, poseer
la seguridad	*Sicherheit*	En las grandes capitales los habitantes temen la falta de seguridad.	≠ el peligro
concentrarse	*sich konzentrieren, sich anhäufen*	Las innovaciones se concentran en las capitales.	
la criminalidad	*Kriminalität*	La criminalidad sube en los barrios con una alta tasa de paro juvenil.	= la delincuencia
la violencia urbana	*Gewalt in der Stadt*	La película «Amores perros» trata, entre otras cosas, de la violencia urbana.	
el robo	*Raub*	El robo de coches es un delito lucrativo.	= el asalto
perseguir (e > i)	*verfolgen*	La policía persigue los delitos de robo.	
la contaminación del aire	*Luftverschmutzung*	La contaminación del aire causa enfermedades respiratorias.	
el smog	*Smog*	La contaminación del aire en las capitales produce el fenómeno del smog.	
la construcción	*Baustelle*	A veces toda la ciudad se parece a una construcción.	= la obra

término español	dt. Bedeutung	definición / contexto	sin. / ant.
el tráfico	*Verkehr*	El tráfico denso aumenta el peligro de accidentes.	
el atasco	*Stau*	Tenemos que resolver los problemas de atasco.	
el apagón	*Stromausfall*	Un apagón te deja sin electricidad.	
el transporte público	*öffentliche Verkehrsmittel*	El transporte público ayuda a disminuir los grandes atascos.	
darse prisa	*sich beeilen*	Por la mañana los madrileños se dan prisa para llegar al trabajo.	= apurarse (LAm.)
moverse (o>ue)	*sich (in der Stadt) bewegen*	Muchos barceloneses se mueven con el transporte público para evitar los atascos.	= movilizarse
las zonas verdes	*Grünzonen*	Los barrios residenciales disponen de zonas verdes y parques infantiles.	
las instalaciones deportivas	*Sportanlagen*	La instalación deportiva dispone de un campo de fútbol, baloncesto y balonmano.	
el centro comercial	*Einkaufszentrum*	Un centro comercial ofrece una multitud de tiendas y posibilidades de aparcar el coche.	= el mall (ingl.)
el mercado	*Markt*	Cada sábado el mercado está abierto con productos de la región.	
el monumento histórico	*historisches Denkmal*	Los turistas visitan la zona por la cantidad de monumentos históricos.	
la ciudad hermana	*Partnerstadt*	Madrid y Berlín son ciudades hermanas.	

5 Los continentes, el paisaje, el clima

término español	dt. Bedeutung	definición / contexto	sin. / ant.
el planeta	*Planet*	El planeta se caracteriza por su abundancia de agua.	
el punto cardinal	*Himmelsrichtung*	Los puntos cardinales son el norte, el sur, el este y el oeste.	
el Polo Norte	*Nordpol*	Es alarmante que el Polo Norte se deshiele tan rápido.	= el Polo Ártico ≠ el Polo Sur
el continente	*Kontinent*	En nuestra tierra hay cinco continentes: Asia, Australia, Europa, África y América.	
estar situado/-a	*sich befinden*	Marruecos está situado en el norte de África.	= encontrarse (o>ue)
limitar con	*grenzen an*	España limita con Portugal, Francia y Andorra.	= ser fronterizo/-a con
el océano	*Ozean*	El Océano Atlántico y el Pacífico forman las fronteras naturales de los Estados Unidos.	
el mar	*Meer*	El Mar Mediterráneo es un importante destino turístico.	
la costa	*Küste*	La contaminación de las costas sigue creciendo.	
la bahía	*Bucht*	Construyeron un hotel de lujo en esta bahía, ¡qué pena!	
la arena	*Sand*	En la playa nos gusta jugar al voleibol en la arena.	

término español	dt. Bedeutung	definición / contexto	sin. / ant.
la ola	*Welle*	Ten cuidado con las olas, son muy peligrosas en esta playa.	
el Caribe	*Karibik*	Mucha gente sueña con una vida alternativa en el Caribe.	= el Mar de las Antillas = el Caribeño
caribeño/-a	*karibisch*	El clima caribeño atrae a los turistas.	
la corriente marina	*Meeresströmung*	La corriente marina resultó ser fuerte y provocó la muerte del joven nadador.	
la corriente de Humboldt	*der Humboldt-strom*	La corriente de Humboldt impide temperaturas muy frías en el continente.	
el Estrecho de Gibraltar	*die Meerenge von Gibraltar*	El Estrecho de Gibraltar separa los continentes de Europa y África.	
estrecho/-a	*eng, schmal*	Es un camino estrecho que lleva al centro.	≠ ancho/-a
el cabo de Hornos	*Kap Horn*	La nave pasó por el cabo de Hornos durante la tormenta.	
el istmo	*Landenge, Isthmus*	Núñez de Balboa atravesó el istmo de Panamá en 1543.	
el canal de Panamá	*Panamakanal*	El canal de Panamá ayuda a atravesar el continente americano.	
el archipiélago	*Inselgruppe, Archipel*	El archipiélago canario está a la altura del Sáhara.	
el río	*Fluss*	El río corre por el valle.	
desembocar	*münden*	El Ebro desemboca en el Mar Mediterráneo.	

término español	dt. Bedeutung	definición / contexto	sin. / ant.
la ría	*fjordähnliche Flussmündung, Ria*	Las rías gallegas en la costa atlántica son impresionantemente bonitas.	= la desembocadura
el arroyo	*Flüsschen, Rinnsal*	El molino está al lado del arroyo.	= el riachuelo
el lago	*See*	Fuimos a pescar en el lago.	
el estanque	*Teich*	En el estanque hay peces muy distintos.	
la orilla	*Ufer*	En su orilla hay animales como ranas e insectos, p. ej.	= la ribera
el salto de agua	*Wasserfall*	Era un río silencioso hasta que llegamos al salto de agua.	= la cascada
las cataratas	*(Wasser-)Fälle*	Las cataratas del Iguazú en la frontera entre Argentina y Brasil son muy famosas.	
estar rodeado/-a de	*umgeben sein von*	La ciudad está rodeada de viñas.	
el paisaje	*Landschaft*	Las Islas Canarias son una mezcla de paisajes tropicales, volcánicos y desérticos.	
el territorio	*Gebiet*	El territorio riojano está dominado por el cultivo del vino.	= la región
la cordillera	*Gebirgskette*	La cordillera dificulta un camino directo al pueblo.	
la sierra	*Gebirge*	Me encanta caminar en la sierra, las vistas son especiales.	= la montaña
montañoso/-a	*bergig, gebirgig*	El norte de España es montañoso.	≠ llano/-a

término español	dt. Bedeutung	definición / contexto	sin. / ant.
la meseta	*Hochebene*	El pueblo está situado en una meseta.	= el altiplano
la cumbre	*Gipfel*	Llegamos agotados a la cumbre.	= la cima, el pico
el valle	*Tal*	El valle está rodeado de montes.	≠ el monte
el cerro	*Hügel, steile Anhöhe*	Subimos al cerro y llegamos a un prado precioso.	= la colina
el volcán	*Vulkan*	El volcán estalló en 1973 por última vez.	
andino/-a	*aus dem Gebiet der Anden*	La población andina se dedica a la ganadería.	
la llanura	*Ebene*	La Pampa es una gran llanura de Argentina.	
aislado/-a	*isoliert*	El pueblo está aislado de los centros urbanos.	= apartado/-a, retirado/-a
el cambio climático	*Klimawandel*	El cambio climático será el gran desafío de nuestro futuro.	= el cambio del clima
la variedad de climas	*die Vielfalt des Klimas*	La variedad de climas es una característica fundamental de nuestra tierra.	
el clima continental	*kontinentales Klima*	En una zona de clima continental, los inviernos son muy fríos y los veranos calientes.	
el clima tropical	*tropisches Klima*	El clima tropical es propio de los Trópicos y se caracteriza por temperaturas y humedad del aire elevadas.	
seco/-a	*trocken*	Extremadura es una de las regiones más secas de España.	≠ húmedo/-a

término español	dt. Bedeutung	definición / contexto	sin. / ant.
la temperatura media	*Durchschnitts-temperatur*	En verano, la temperatura media aquí es de 26 °C.	
suave	*mild*	Los inviernos en las regiones mediterráneas suelen ser suaves.	
cálido/-a	*heiß*	Este árbol solo crece en regiones cálidas.	≠ frío/-a
el desierto	*Wüste*	Un gran problema climático es la extensión de los desiertos.	
el bosque	*Wald*	El zorro es un animal que vive en el bosque.	= la selva
la selva tropical	*Regenwald*	Hay una diversidad múltiple de pájaros exóticos en la selva tropical.	
nevar (e>ie)	*schneien*	Se nota el cambio del clima, ya no nieva tanto como antes en esta región.	
llover (o>ue)	*regnen*	En Galicia suele llover bastante.	
la época de lluvias	*Regenzeit*	Viajando a un país con clima tropical es mejor evitar la época de lluvias.	= la temporada de lluvias ≠ la estación seca
lluvioso/-a	*regnerisch*	O Cebreiro es un lugar lluvioso y verde en Galicia.	≠ seco/-a
el prado	*Wiese*	Nos sentamos en el prado para hacer picnic.	
el pasto	*Weide, Wiese*	El pasto les ofrece a los animales como la vaca o el caballo un lugar ideal.	
la pradera	*große Wiese, Aue*	Puedes montar a caballo en la pradera.	

término español	dt. Bedeutung	definición / contexto	sin. / ant.
cultivar	*anbauen*	En esta zona se cultiva el maíz.	
cultivable	*anbaufähig*	El maíz fue uno de los productos cultivables en Europa cuando lo trajeron de América.	
fértil	*fruchtbar*	Asturias dispone de tierras fértiles.	≠ infértil
ser rico/-a (en)	*reich sein (an)*	Es una región rica en materias primas.	≠ ser pobre (en), carecer (c>zc) (de)
extenso/-a	*ausgedehnt*	Construyeron un extenso territorio para tener un biótopo de aves.	= vasto/-a
la catástrofe natural	*Naturkatastrophe*	Durante el siglo XX Nicaragua fue devastada por varias catástrofes naturales.	
el terremoto	*Erdbeben*	El terremoto obligó a la población a dejar sus casas.	= el seísmo
deshabitado/-a	*unbewohnt*	Los pueblos se convierten en lugares deshabitados.	≠ sobrepopulado/-a
el huracán	*Hurrikan*	El huracán Mitch causó graves daños en el Caribe.	= la tormenta tropical
la lluvia torrencial	*sintflutartige Regenfälle*	Los huracanes suelen producir lluvias torrenciales y vientos muy fuertes.	= la precipitación torrencial
la inundación	*Überschwemmung*	La inundación que siguió al huracán destruyó grandes partes de la ciudad.	≠ la sequía
la sequía	*Dürre*	La sequía provocó una hambruna entre los habitantes de la región.	
regar (e>ie)	*bewässern, gießen*	Mucha gente critica que se gaste tanta agua en regar los campos de golf.	

Eure Lern**tipps** aus der Insta-Community

Chiara, 16

Verwendet Farben zum Lernen! Es wird viel übersichtlicher. Und wenn man den Lernzettel anschaut, ist man viel motivierter beim Lernen, weil er schön bunt ist.

Özgür, 20

Vergiss nicht, wie weit du bisher gekommen bist, und wie viel Potenzial in dir steckt.

Miriam, 18

Bewusst eine Auszeit zu nehmen ist effektiver, als alles nur aufzuschieben.